# 近代の虚妄と軋轢の思想

綱澤満昭
Tsunazawa Mitsuaki

海風社

装幀　ツ・ディ
本文扉題字　白陽（書家）

# 近代の虚妄と軋轢の思想

目次

## まえがき

危惧の念を抱いていたことが、やはり現実となってきている。焦土と化した日本列島の中で、草を食み、泥水を飲み、露命をつないだ私たちが生命をかけて獲得したものはなんであったのか。

それは肉体化、土着化しない軽薄な民主主義や平和主義ではなかったはずである。ところがである。その軽薄と呼んだ民主主義や平和主義までもが、潰されようとしている昨今である。暗黒への道が私たちを待っている。

いま「私化優先」の「哲学」は燎原の火のごとくすさまじい。「死」の淵から覗く「生」はなく、枯渇することを知らぬかのような「生」の豊熟に酔う風景の連続がある。

人としての道は軽蔑され、何かのために、ということは嘲笑の的とさえなっている。こういう雰囲気のなかで現代人は生きている。

それこそ嘲笑にあたいすることであるが、この雰囲気によって、体制批判が可能となると思っている「知識人」は多い。

「公」に不忠であることが善で、「私化」の方向のみが旧制を打破し、明るい未来を切り開くものだとの信仰は、思いのほか人気を維持している。自分を犠牲にするという散華の精神を放擲することによってしか、未来はないかのように高揚する人たちもいる。

散華することを批判し、嘲笑することは、安っぽい近代主義でも可能である。絶対死に向かう情念の根源にあるものを、単純に捨ててはなるまい。エゴを一方的に拡張していけば、いつの日か、明るい未来が到来するなどと考えてはならない。断崖絶壁に立ちながら、権力からも、民衆からも見放され、しかもなお、敢然と進まねばならぬ草莽の決断など、そういう類の人にはわかるまい。

禁欲を伴わないエゴの拡張、追求というものは、それがどのような仮面をかぶろうとも、体制順応のかたちで終結する。

いま、日本人の多くが牙をむくことのない順応と平和の快適さを実感として持ってしまった。にせものの個人主義や自我の確立というもので「進歩的文化人」として通用することも知ってしまった。

現在、マス・メディアを媒体にして「知識人」、「文化人」ぶりを誇っている厚顔をみればいい。

「仁」も「義」もない彼らの生活の論理が、国家支配の論理を超えられるはずもないが、彼らの心中にはそのことを希求する気力も精神も、はなからありはしない。

滅びの美学というものが、われわれの内面の恥部の一部であることを承知しながらも、それではそれにかわりうるものをわれわれは、いまもっているのか。

散りゆくものの美しさに酔うことで安心してはならぬが、散りゆくがゆえに美しいとする思いを打ち消すことができるか。この思いを超克するものが発見できぬかぎり、それが狂であれ、愚であったとしても、私はそこに回帰するしかない。

これまで私は多くの人物を研究の対象にしてきた。社会運動家もいれば、作家も学者も、思想家、宗教家もいた。これらの人たちは、それぞれ独自の世界をもち、独自の思想を創造しながら生きた。同じ方向をむいてはいない。共通したものがあるとすれば、それは日本の近代化のなかで、もがき苦しみ、果敢に闘い、挫折し、敗北していった人たちであるということである。なかには、荒波をくぐりぬけ、巧妙に生をつないだ人もいる。

本書では第一部として、橋川文三、村上一郎、竹久夢二、岡倉天心、柳田国男に照明を当ててみたいと思う。

まず、『日本浪曼派批判序説』を著した橋川文三については、昭和維新と日本浪曼派、そして保守主義にふれた。橋川に情念を生み出させたものはなんであったのか。次は『北一輝論』『草莽論』で評価の高い村上一郎をあげる。村上の草莽はいよいよもって、これから静かに深く潜行してゆくであろう。

竹久夢二については、彼の描く弱々しい女性が、細井和喜蔵の『女工哀史』に登場する女性に、どこかつながっているように私には思える。(このことは秋山清も指摘している)また、夢二が都新聞に連載した「東京災難畫信」(二十一回)に着目し、関東大震災の直後の惨状をどのように伝えたかを掘り下げることによって、夢二の社会認識の鋭さに注目した。

福沢諭吉とある意味で対極にあるとされる岡倉天心のアジア認識にも注目した。この彼のアジア認識は、いまもってなに一つ解明されていない。そして、最後は柳田国男の故郷喪失がナショナリズムにつながっていくことを指摘した。

ここまでを第一部とした。第二部には次のようなものを配した。

その一つは「祖先崇拝と御霊信仰」である。日本人が日常的に大切にしている信仰の一つに祖先崇拝があることはいうまでもないが、それとは別に、祀ってくれる人は誰もなく、彷徨い続け、永久に祖霊になれない霊がある。この霊の恐怖のために、その霊を鎮める信仰が生まれる。

「ふたたび『教養』を考える」では、戦後の新制大学の基本理念の大きなものに「教養」の問題があった。しかし、時代の流れは、専門教育優先で「教養」は後退の一途を辿った。今こそ、大学教育の基本的理念としての「教養」を浮上させねばなるまい。

「阿呆のつぶやき」は、ある文芸雑誌の編集後記を集めたものであるが、これは私の精神史の一面でもある。

いずれのときに生きようとも、日本の近代とあるいは旧習と深く強くかかわりながら、私たちは死闘を演じ続けることにかわりはない。

本書を読んでいただく人たちに、私は本当に期待したい。

# 橋川文三私見

## （二）日本浪曼派・昭和維新

### 橋川文三、ふたたび

昭和五十九年のことであるから、三十年ちかくも昔のことになるが『日本読書新聞』(昭和五十九年二月二十七日）に、橋川文三を追悼する文章を書いたことがある。全文をここで引用するつもりはないが、およそ次のようなことを書いていた。

――大学で制度上直接指導を受けたことはないが、私は誰よりも橋川の影響を強く受けたような気がする。もちろん著作を通じてのことである。当時、私は農本主義に関する貧しい研究をしていた関係もあって、橋川の著作『日本浪曼派批判序説』におさめられている「日本浪曼派と農本主義」に、どれほど刺激を受け、教えられたかわからない。いまでも全文を暗記しているほどである。

戦後デモクラシーのなかで、日本浪曼派とか、農本主義にたいする批判は、勇ましくはあるが、その多くは血の通わない表面的攻撃に終始し、内面を剔抉するようなものは皆無にちかかった。そのような状況のなかで、橋川の著作は、多くの人のものとは異質な感じがした。自分と闘い、自分の体験を普遍化し、なにかしら本物で、人の魂を揺り動かすもののように思えた。――

当時の追悼文を少しだけそのまま引用しておきたい。

「橋川さんの権藤成卿と保田與重郎の比較（権藤のいう『プロシア式国家主義』とは、保田における『文明開化』主義の同義語であり、その担い手としての『官僚』政治に対する農本主義の批判は、保田においては、『唯物論研究会』を含む『大正官僚式』の『アカデミズム』批判としてあらわれたといえよう。）からも多くのヒントをあたえられた。」（同上紙）

私は最後に次のように書かざるをえなかった。

「なにを書いたって遠くおよばぬ私ではあるが、できれば橋川さんのひざのあたりまでよじのぼり、くらいついてみたいものだと淡い夢を追ってはいる。」（同上紙）

この追悼文を書いてから、およそ三十年という歳月が経過しているが、いまもって私の気持ちは変ってはいない。変っていないということは、いまだ橋川のひざのあたりまでも到達していないということになる。追いかけても、追いかけても、私の手の届かぬところに彼はいる。

私も馬齢を重ね、古稀も過ぎた。橋川よりずっと長く生きている。死期も確実に迫っている。腹のなかに橋川の教えを大事にしながら、私なりの仕事をしてきた。一度このあたりで、橋川についての私の思いを綴ってみたい。そういう衝動にかられる。

若い人が橋川論を書いている風景がある。若くなくては書けないものもあるし、若いから書けないということもある。そんなことはどうでもいいことで、その人の情熱と問題意識で書けばいいと私は思っている。私は若くはない。私なりのものを書くしかないのである。

## 日本浪曼派への接近

橋川文三を語るということは日本浪曼派を語るということになるほど、橋川にとって、日本浪曼派は大きな意味を持っている。日本浪曼派の代表的人物はいうまでもなく、保田與重郎であるが、この保田と橋川のいい意味での格闘が次々と展開されることになる。

橋川はなぜ日本浪曼派にのめりこんでいったのか。直接的には、戦後民主主義下における日本浪曼派批判にたいする彼の疑念があると思うが、そのことは後にのべるとして、彼にはそうなる土壌ともいうべき事情があったのである。日本浪曼派は反日本近代の思想と通底している。橋川は広島から第一高等学校進学のために上京した際、まさしく反日本近代の感情を持たざるをえなかったのである。そのとき、橋川の目に映じたものは、日本近代の絶望的風景ともいうべき彼の抱いていた東京のイメージの破壊であった。

それまでに橋川が抱いていた東京という都市のイメージは、上等に洗練された、垢抜けた都会であり、それはいわば近代都市の象徴でなければならなかったのである。

橋川の思いはこうである。

「奇妙な言い方になるが、私のイメージに描がかれていた東京とは、それは全く別のものであった。私はそこに本ものの『近代』生活がある場所として東京を幻想していたのである。極端にいえば、そこに生活する人々の風貌、容姿までもが地方人のそれとはことなるような、そうした都会を空想していたのである。しかし、現実に見たこの都市は、誰かスマートな西欧人が言ったように『巨大な田舎』であり、自乗化された『地方』にすぎなかった。そのことを、私はほとんど第一印象で了解したといってもよい。」(「ロマン派へ接近の頃」『橋川文三著作集』1、筑摩書房、昭和六十年、二一六頁)

橋川にとっての東京はまったくの期待はずれで、一口でいってしまえば、汚染された東京であり偽物の近代が膨れあがったものでしかなかった。幻滅の悲哀にうちひしがれた彼は少年時代に抱いていた西洋化に心酔する気持を高ぶらせていった。

橋川は東京への失望と日本浪曼派との関係をこういう。

「こうした感じ方の中には、後から考えてみると、日本の都会生活、日本の近代化というものへの一抹の幻滅感が含まれており、そのことと、日本ロマン派的な心情への接近との間には、微妙な関係があることがわかるはずだが、もちろん、そのころの私は、日本ロマン派のことなど何も知らなかった。」(同上書、二一六頁)

西洋の文学、詩に心酔するという心情は逆にいえば日本のそれらを軽蔑するという方向をたどることになる。この西洋傾斜の心情も日本浪曼派につながっていったと橋川はいう。

「こうした心情もまた、微妙な逆説によって、日本ロマン派的な批評精神への接近の契機をなしたはずである。日本の現実への軽蔑とアパシイそのものが、そのままさに民族主義的なロマンティシズムのイロニイにほかならないということも、事後になってからならば理解することができるであろう。しかし、当時の私は、要するに何か未知の知識、新しい感情の形成を漠然と希求していた田舎出身の少年にすぎなかった。」(同上書、二一七頁)

直接的契機に論点を戻そう。

橋川は戦後デモクラシー下における、いわゆる近代主義的知識人による日本浪曼派の扱いについて、強い憤怒の念にも似た感情を持っていた。それは戦後行われた日本浪曼派批判の多くが日本浪曼派の核心をつくものではなく、的はずれの攻撃に終始していたからである。

## 「日本浪曼派批判序説」

彼の『日本浪曼派批判序説』(昭和三十二年三月から雑誌「同時代」に掲載をはじめる)の「問題の提起」の冒頭に次のような文章がある。

「日本ロマン派の批判がいまごろ行われる必要があるかどうかは、人によって意見がことなると思われる。私の見たかぎりで、日本ロマン派の批判らしきものを含んだ文章は必ずしも少いわけではないが、しかし、一般的には、この特異なウルトラ・ナショナリストの文学グループは、むしろ戦後は忘れられていた。それはあの戦争とファシズムの時代の奇怪な悪夢として、あるいはその悪夢の中に生れたおぞましい神がかりの現象として、いまさら思い出すのも胸くその悪いような錯乱の記憶として、文学史の片すみにおき去りにされている。」(「日本浪曼派批判序説」同上書、三頁)

戦後社会のなかで、日本浪曼派批判が論壇に浮上しなかったわけではない。しかし、その多くが核心をついていない。つまりまともな問題提起がなされていないというのである。

日本浪曼派の代表格といってもいい保田與重郎にたいする批判で、もっとも極端なものとして、橋川は杉浦明平のものをあげている。

杉浦は終戦後まもない昭和二十一年二月の「帝国大学新聞」第五十二号に「我々はもうだまされない」という文章を載せている。もうこれ以上はないというほどの激しい口調で、保田や浅野晃に罵詈雑言をあびせている。

「われわれは自分たちの力、自分たちの手で大は保田とか浅野とかいふ参謀本部お抱への公娼を始め、それらで笑を売ってゐる雑魚どもを捕へ、それぞれ正しく裁き、しかして或ものは他の分野におけるミリタリストや国民の敵たちと一緒に宮城前の松の木の一本々々に吊し柿のやうに吊してやる。」(『暗い夜の記念に』風媒社、平成九年、一〇三頁)

また、同じ年の三月十五日の『文学時報』第五号に「保田與重郎」という次のような文を書いている。

「保田與重郎こそバカタンはもちろんあの悪どい浅野晃や亀井勝一郎さへ到底足許にも寄りつけぬ、正に一個の天才といふべき人間であった。剽窃の名人、空白なる思想の下にある生れながらのデマゴーク——あのきざのかぎりともいふべきしかも煽情的なる美文を見よ——図々しさの典型として、彼は日本帝国主義の最も深刻なる代弁者であった。」（同上書、一〇四〜一〇五頁）

さらに杉浦は、ダメを押すように、「保田という人物は犬のような鋭い嗅覚でもって、「赤」の臭いをかぎとり、参謀本部にことごとく密告した。」という。

この杉浦のような批判を丸山真男が絶賛しているが、私にはそのことになぜか興味がある。杉浦のこのような文章が痛快で快哉を叫ぶ丸山の精神を橋川はどう見ていたのであろうか。丸山の発言の一部を引いておこう。

「保田與重郎は、なるほど戦後左翼から罵倒されたかもしれないし、正当に理解されなかったかもしれない。だけど逆に保田與重郎と日本浪曼派に対して、宮城の枝ぶりのいい松につるしてやろうと怒った杉浦明平たちの怒りがわからなければ、ぼくはやはり全体の歴史的状況はわからないと思うんです。」（『橋川文三著作集』7、「月報7」筑摩書房、昭和六十一年、六頁）

この杉浦のような類の批判・攻撃を何万回繰り返されても、保田はビクともしない。それは保田の心臓を打ち抜くようなものとなっていないからだと橋川はいう。

感情の昂りだけが先行する批判が横行するなかで、橋川は竹内好の発言に注目している。橋川が注目した竹内の発言はよく引用されるものであるが、次のようなものであった。

「マルクス主義者を含めての近代主義者たちは、血ぬられた民族主義をよけて通った。自分を被害者と規定し、ナショナリズムのウルトラ化を自己の責任外の出来事とした。『日本ロマン派』を黙殺することが正しいとされた。しかし、『日本ロマン派』を倒したものは、かれらではなくて外の力なのである。外の力によって倒されたものを、自分が倒したように、自分の力を過信したことはなかったろうか。それによって、悪夢は忘れられたかもしれないが、血は洗い清められなかったのではないか。」（竹内好『新編・日本イデオロギイ』〈竹内好評論集〉第二巻、筑摩書房、昭和四十一年、二七六頁）

いわゆる近代主義者と呼ばれる人たちの日本浪曼派攻撃というものは、竹内が指摘しているように、的はずれのものか表面的なもので、敵のなかに深く入り込んでの批判というものは皆無にちかい。干戈を交え敵を倒すということが、彼らにわかっていないと竹内はいう。

民族主義的色彩を濃く持っている日本浪曼派などにたいして、日本の近代主義は有効な闘争手段を持ちあわせていなかった。階級的視点を持ちだしさえすれば、民族は圧殺できると短絡的思考に陥ってしまっていた。つまり、日本の近代において、この両者が共存するということはいうまでもなく、両者が本格的に対決するということもなかった。強烈なナショナリズムは国家体制派と呼ばれたり軍国主義的と呼ばれたりするものに結びついてしまい、ついに社会変革派とか改良的なものに結びつくことはなかった。竹内はこういう。

「日本では、社会革命がナショナリズムを疎外したために、見捨てられたナショナリズムは帝国主義と結びつくしか道がなかったわけである。ナショナリズムは必然的にウルトラ化せざるを得なかった。『処女性を失った』(丸山真男)といわれるのは、そのことである。」(同上書、二七九頁)

この竹内の発言とはニュアンスの違いはあるが、橋川は中野重治に注目し、彼の発言を聞いて安堵している。日本浪曼派にたいする激情的な攻撃が繰り返されるなかで、中野はきわめて慎重であり、おだやかだったという。それまで多くの人に見えていない領域を中野は冷徹な眼で見ているというのである。

橋川が強く引き寄せられ、待ち望んでいた文章とは次のようなものであった。

「大体からいうと、第一『文学界』や『日本浪曼派』などが何であったかということはこんにちまだ明らかになっていない。これは私がそう考える。わたしの知る限り、第二『文学界』や『日本浪曼派』グループについてそれが何をしたかということは一おう明らかにされているが、どうして、なぜ、それをすることになったかは明らかにされていない。（これはしかし、かれらが『何をしたか』が明らかにされていないということでもある。）」（なかの・しげはる「第二『文学界』・『日本浪曼派』などについて」『近代日本文学講座』IV、河出書房、昭和六十一年、一七九頁）

発生基盤を根気よく探らないかぎり、ものごとの本質はわかってこない。虚像に向かっていくら吠えても、敵は痛くも痒くもあるまい。

中野はごくあたりまえのことをいっているのである。にもかかわらず、橋川に「久しく待望した種類のものであった」といわせたのは、それほどまでに日本浪曼派にたいする本質的評価、批判がなされていなかったということであろう。

断罪のみが横行し、その断罪の理由も単純そのもので、とうてい内在的批判などありえないなかで、橋川は自分の全存在をかけて日本浪曼派と格闘したのである。彼の日本浪曼派研究は単に「研究」ということではなく、彼自身の存在そのものを問うことであった。次の文章を引いておきたい。

「私はこの中野の率直な言葉によって、ふと小さな安堵感をいだいたのを覚えている。

かつて私たちの見たあの明かな体験像は、たんなる幻影にすぎなかったのかという疑念にとらえられたとき、竹内や中野の発言は私を安心させ、鼓舞した。それほど私にとって、日本ロマン派の問題は重要であった。」(「日本浪曼派批判序説」、前掲書、八頁)

橋川は日本浪曼派のなかでも代表的な保田與重郎の悪魔的といったらいいか、狂的といったらいいか、おどろおどろした美しさに引き込まれてゆく自分の姿を冷静にながめることができたのである。

次に橋川は日本浪曼派の問題点を浮きぼりにするため、というか自分の問題意識を明確化するため、西田勝の「日本浪曼派の問題」(『新日本文学』、昭和二十九年十一月)をとりあげている。

西田のこの論文は、限定付で正しいという。どういうことかといえば、昭和八年、九年、十年頃の状況のなかでの日本浪曼派は近代文学やプロレタリア文学の流れから必然的に生れてくるもので、いわゆる例の転向の歴史のなかに入るという西田の視点は一応うなずけるという。しかし、このことは一応是とするも、日本浪曼派をこういった思潮のなかに組み入れて安心することはできないと橋川はいう。

「なぜ、それほど、日本ロマン派を『ナルプ解体』の論理に符合せしめねばならない

のか？」（同上書、一九頁）

と問いつつ、次のようにいう。

「少しく粗雑ないい方になるが、『なぜ、転向も頽廃もそのものとしては知らなかった私たち、当時のティーンエージャーが、保田の文章と思想に心酔することが可能であったか？』という問題は、そうした論理では分析されないように思われる。」（同上）

マルクス主義、共産主義といった世界をまるで知らなかった若者たちが、日本浪曼派や保田に傾斜、心酔していった動機は一体奈辺にあるのか、それが大きな問題だと橋川はいう。

「ナルプ解体」というよりも、大正、昭和時代における若者たちの絶望のなかで生きる心情こそが日本浪曼派の成立基盤だと彼はいう。

## イロニー

それでは橋川は日本浪曼派、特に保田のどこに心酔したのであろうか。このことを解きあかすには「イロニー」ということにせまらねばならない。

若者が三島由紀夫に引きつけられるよりも、もっと強烈にいかれたのは保田の「イロニー」であったと橋川は次のようにいう。

「いずれにせよ、保田の文体が私たちを魅惑したことは、現在、たとえば三島のスタイルが十代の少年を魅惑するよりも甚しいものがあったと思われるが、その牽引力の中心がイロニイであったといえよう。……（略）……イロニイの概念を説明することは困難ではない。しかしその多様な発現様式を綜合的に批判することは安易ではない。……（略）……一般的にいえば、ある種の政治的無能力状態におかれた中間層的知識層が多少ともに獲得する資質に属するものであって、現実的には道徳的無責任と政治的逃避の心情を匂わせるものであった。」（橋川、同上書、三三頁）

橋川はこの保田の「イロニー」のなかに、時代の心情をみて、日本近代がたずさえていたものを根底から否定、排除し、そのため、現実世界では完全なる敗北の道を歩むことを保田は是としているという。

「政治的リアリズムの排除」、「情勢分析の拒否」、「科学的思考の絶滅」を保田のなかに見る橋川は次のような文章を書く。

「事実、私たちと同年のある若者は、保田の説くことがらの究極的様相を感じとり、古事記をいだいてただ南海のジャングルに腐らんとした屍となることを熱望していた！　少くとも『純心な』青年の場合、保田のイロニイの帰結はそのような形をとったと思われる。これは甚しくナチズムの心理構造とことなる形である。ナチズムのニヒリズムは、『我々は闘わねばならぬ《ヴィア・ミュッセン・ケンペン》！』という呪われた無窮動にあらわれるが、しかし、私たちの感じとった日本ロマン派は、まさに『私たちは死なねばならぬ《ヴィア・ミュッセン・シュテルベン》！』という以外のものではなかった。」（同上書、三五〜三六頁）

橋川は「イロニー」というものをどう考えているかというと、弱虫が強がりをいっている状態とみている。それは病的な自己欺瞞であるが、しかし、単なる病いではない。それは相当練磨された自己認識の方法だという。

弱さ、無力さを徹底して自覚すれば、そこに見えてくるものがある。それは日本の近代的知識人たちが嫌がり、軽蔑した民族の問題であり、日本近代のインチキ性であった。

## 保田与重郎と「米つくり」の思想

保田の思想のなかに、橋川は三つのものがあるという。

それはマルクス主義と国学、そしてドイツ・ロマン主義である。この場合の国学というのは「米つくり」民族という地点にまでも及ぶことになる。農本主義の世界に入り込むことである。

いうまでもなく日本浪曼派の問題は文学のそれであり、政治思想、社会思想としての農本主義と直接的つながりがあるわけではないが、橋川はこの両者には類似するものがあるという。

橋川は藤田省三の次の文章を引用している。

「農本主義と文学の世界における日本浪曼主義とは対応する。前者が『革新者』であれば、後者も又一つの『流行への挑戦』である。(「日本浪曼派広告」、『コギト』一九三四年十一月)。前のものが官僚機構の命令政治に反対して、非政治的な自主的共同体をつくろうとする運動であるならば、後のものも『時務』すなわち政治を拒否して(保田與重郎)、イロニーの世界で『孤高の反抗』を行わんとする(亀井勝一郎「浪曼的自我の問題」、『日本浪曼派』一九三五年三月創刊号)。ただ後者はどこまでも美的感覚体験 —— それ自身が抽象世界の中にある —— の世界を離れなかっただけである。」(「天皇制とファシズム」『第二版・天皇制国家の支配原理』未来社、昭和四十九年、一四一頁)

橋川は農本主義者と呼ばれる権藤成郷や橘孝三郎の「土」の問題をとりあげ、郷土喪失の問題が観念や知の問題ではなく、日本列島における現実的問題として浮上してきていることの意味を問う。

『自治民範』や『農村自救論』の著者で、五・一五事件に大きな影響を与えた権藤と保田を橋川は比較する。

両者とも反近代主義、反国家主義を主張し、権藤が徹底した郷土主義の理念として「社稷」をキー・ワードにしたのにたいし、保田は反官僚主義、反アカデミズムを主張したとして、橋川はこういう。

「農本イデオロギーの最も特徴的な表現として権藤の『社稷』の観念をあげることは不当でないであろう。この特徴的な理念は、ほとんど明白な反国家主義といってもよいものであり、その徹底的郷土主義は、『プロシア式国家主義を基礎とした官治制度』に対して、ほとんどアナーキズムの意味をすらおびるものであった。権藤のいう『プロシア式国家主義』とは、保田における『文明開化』主義の同義語であり、その担い手としての『官僚』政治に対する農本主義の批判は、保田においては、『唯物論研究会』を含む『大正官僚式』の『アカデミズム』批判としてあらわれたといえよう。」（橋川、前掲書、六二〜六三頁）

それぞれの時代背景も違うし、たどった人生の過程も異なるが、両者とも明治国家形成の基本的原理および日本近代の根底にあるヨーロッパの近代的要素にたいし、根本的批判の眼を向けていたことは共通しているのである。

橋川は日本浪曼派と農本主義の比較には、おのずから限界、無理があることも指摘しているし、保田自身も、政治色の強い農本主義と自分の農本思想とは一線を画するものだといっている。

農本主義と日本浪曼派との比較にはならないが、私はここで保田の「米つくり」の思想に少し言及しておきたい。

農本主義を保田は批判するが「米つくり」という農を愛する思想には、強烈なものがある。近代終焉の次にくるものは日本人が道義として遵守していかねばならない「米つくり」の思想以外にないと保田はいう。

「米つくり」というもののなかに存在する労働は商品価値としての労働力とはまったく異質のものであり、商品としての価値はけっして問わない。いわば無償としての労働であり、そうであるから尊いのだという。

保田にとって労働とは「米つくり」のことであり、それは道義であり、神聖なもので、貧富にふりまわされるような類いのものではないのである。しかし、これを歴史的に見れば、この採算を度外視した農民の貧困があってこそ、近代文明、資本主義の今日があることを忘れるな、と保田は次のようにいう。

「明治の文明開化以来、日本農民の父祖たちは、最も激しい貧困の負目を荷ってきたのである。日本の近代文明と近代兵備は、国民の六割を占める農村人口の貧乏によって償はれてきたのである。西田哲学も田辺哲学も白樺文学も、その人もその生活も、みな農民の貧乏といふ自覚された犠牲の上に開いた近代文物である。」（「農村記」『保田與重郎全集』第二十四巻、講談社、昭和六十二年、一一四～一一五頁）

「米つくり」を、神から与えられた責務とし、それを日常化している人たちは近代的強権に屈してそうしているのではない。あくまでも、その人たちの内発的精神によるものである。道義なき近代文明のなかにおける生活とは次元の違うところで生きている人たちには物の豊かさは望めぬが、そこには精神のかぎりない豊かさがある。そこで彼らは過不足なく十全に生きているというのである。

日本人としての道義を継続してきた農民はいかなるときも、近代生活を峻拒しつつ、「米つくり」に専念して生き抜いてきた。ここには日本人のみならず、アジア人の基本的道があり「米つくり」の本格的文化の確立があると保田はいう。

精神の光輝や豊かさよりも、わずかな物質を選び取ることは近代ヨーロッパ文明に敗北し、服従することである。

アジアはヨーロッパの侵略、支配によって、精神も肉体も破壊された歴史を持っている。破壊されてはじめて、アジアはアジアたりえたという。つまり、これはヨーロッパのためのアジアであったということである。岡倉天心も同じことをいっている。

このヨーロッパのためのアジアの位置づけを保田は「第一次アジアの発見」と呼び、

次に「第二次アジアの発見」が登場しなければならないという。

「近代史の開始を意味する『アジアの発見』は、ヨーロッパによって、ヨーロッパのために、アジアをアジアといふ形に定めたことであった。ヨーロッパ対アジアといふ形で、アジアは一つの概念として発見せられた。かくて隆々と近代文明は太った。しかし、さうした生活様式に対する第一次アジアの発見の次に、必ず第二次アジアの発見がなければならぬ。それは道義であり、公道である。」(「農村記」、同上書、一一〇頁)

## 保田与重郎の「絶対平和論」

自己保存や自己拡大のために、侵略、征服を日常とするヨーロッパ近代にたいし、保田はアジアの絶対平和を持ってくる。

それは干戈を交えていなければ平和だというような消極的なものではなく、また、政治や外交によって、かわしたり、維持されたりするような相対的なものでもないという。ヨーロッパ近代に歩調を合わせるような動きからは、絶対平和の思想は訪れることはない。日本人はこうしたヨーロッパ文明を捨て、別の道を歩まねばならない。「米つくり」と祭りが一体となる道、その道にこそ絶対平和があるというのである。

ところで、この絶対平和をかき乱すような侵入者がやってきたらどうするか。保田は迷うことなく「竹槍」を用意する。「竹槍」しかないという。

現実的戦争のことを保田はいっているのではない。この「竹槍」主義というものは案山子と同じ役割を持っていて、小動物を殺すのではなく、私たちが懸命に働いて生産しようとしている米を、どうぞ盗まないで欲しいと、小動物に懇願しているのだという。この保田の絶対平和論に関して、桶谷秀昭は次のような発言をしている。

「近代文明とその論理のなかで考へる限り、平和とは戦争のない状態を意味するに過ぎない。戦争よりはどんな平和でも平和がましだといふ相対論では、卑怯な平和より王者の戦争をといふ情念の昂揚した美意識に強く訴へる主張に対し、人の生き方を根底とする論理において対抗できまい。」（『保田與重郎』新潮社、昭和五十八年、一二四頁）

いうまでもなく、保田の思想の根源には政治そのものを厳しく排除するところがある。「米つくり」にもとづく絶対平和ははじめから現実政治との関わりなど考えないのである。社会の常識からすれば、この保田の思想はひどい時代錯誤であり、敗北者の道にほかならない。

現実世界での敗北を堂々と唄い、その道を闊歩する。この敗北の美こそが保田のもとめてやまない「偉大な敗北」なのである。現実世界での勝利を競うような人たちにこの保田の精神はわからない。保田の「偉大な敗北」とはこういうことである。

「偉大な敗北とは、理想が俗世間に破れることである。わが朝の隠遁詩人たちの文学の本質は、勝利者のためにその功績をたたへる御用の文学ではなく、偉大な敗北を叙して、永劫を展望する詩文学だった。」(「天道好還の理」『現代畸人伝』『保田與重郎全集』第三十巻、講談社、昭和六十三年、三一〇頁)

ドイツ・ロマン主義、マルクス主義、国学というものが、保田に強い影響を与えていたことはさきに触れたが、その一つの国学と「米つくり」の関係を橋川は次のようにのべている。

「つまり、マルクス主義とドイツ・ロマン主義と申しましたが、三番目の国学は、たんに宣長の学説を継承するというんではなしに、もう少し広く米作民族あるいは農耕民族としての日本人の根源的な生き方をどう把えるか、さらにそれが広がって、一般にアジアにおいて米作りをする民族の一般的理解というような展開を示しております。ですから、農本主義、宣長の思想をとおしての彼らの思想の中には、ある意味でのアジア主義がみられます。このアジア主義というのは、黒龍会とか玄洋社の右翼的なアジア主義とはニュアンスが違います。要するに、水田耕作民の分布する地域への郷愁と申しますか、それの尊重といったものです。」(「日本浪曼派と現代」『転位と終末』明治大学出版研究会、昭和四十六年、一一三頁)

橋川の日本浪曼派研究のなかにおける農本主義の問題で、少し保田の農の思想にかかわりすぎたかもしれないが、しかし、日本浪曼派の持っている反近代、反都市、反文明的思想を考えるとき、保田の農にかかわるものをはずすわけにはいくまい。

橋川は農本主義というものを、文学の領域である日本浪曼派と関連づけることには無理があることを指摘しているが、この農本主義を農本思想、あるいは農の思想ということにすれば、両者はきわめて強く深い関連のなかでとらえることができるように私には思える。

## 昭和維新への思い

橋川は昭和維新の思想的源流を、真正なる人間の平凡な幸福追求という意志にもとめようとしている。つまり、なんとかして、平凡なわが身にふりかかる不幸を解消しようと願うところにその源流があるというのだ。逆巻く波のように荒々しく、華々しく政治的対決を表面化して、この世で何かをなそうというような雰囲気は昭和維新の源流ではないという。

橋川は清水多吉との対談で、次のような発言をしている。

「大正デモクラシー下での民衆の抱いた社会的不遇感が、実は広い意味でのファッショの意識を生み出したという風に見ているのです。……(略)……なぜ大正後半期の民衆の内部にファッショをめざすような不遇感が生まれたのかという問題が出てきます。……(略)……明治時代の社会的に不遇な人々が自己主張する時のスタイルと、大正期の自己主張のスタイルの違いとして、〝人間として〟〝真正の人間として〟という表現が後者の場合には多いという気がするわけです。」(「戦後啓蒙主義の崩壊と三〇年代」『情況』昭和四十六年三月、一一～一二頁)

世間を驚かすような大きな仕事をして注目をあびたいとか、社会的に高い地位にかけのぼりたいというような気持はきわめて稀薄で、原子化された無名の個人の絶望の影が濃いというのである。

## 朝日平吾の精神

橋川は昭和維新推進の原初的人物の一人として、朝日平吾をとりあげている。久野収、鶴見俊輔著の『現代日本の思想 —— その五つの渦』(岩波書店、昭和三十一年）によると、朝日は次のように語られている。

「一九二一年（大正一〇年）九月二八日、神州義団団長、朝日平吾（一八九二〜一九二一）は、安田財閥の当主安田善次郎（一八三八〜一九二一）を、その私邸で刺殺し、その場で自害した。警察と検事局は、斬奸状を押収し、動機の外部にもれるのを禁圧した。しかし九月三日附の遺書『死の叫び声』が残され、やがて『朝日平吾の遺書』（ガリ版）として一部に流布されるにいたった。」（一一九頁）

橋川は朝日の精神のなかには、二つのものが混在しているという。その一つは明治期にみられたテロリストの志士仁人的精神であり、いま一つは資本主義経済の発達から生じてくる貧富の格差への激憤であるという。

この二つが混合してはいるが、明治期のそれに比べると朝日には次のような特徴がみられるという。

「私が関心をもつのは、かつて大久保利通暗殺や大隈重信襲撃をその典型と見るべき明治時代のテロリズムが、主として政治権力のろう断に対する士族反対派の行動という意味をもったのに対し、朝日の場合には、その動機に微妙な変化があらわれているということである。前者は、むしろ自ら権力支配の資格を主張しうるものたちの義憤に根ざしていたが、後者はむしろ被支配者の資格において、支配されるものたちの平等＝平均化を求めるものの欲求に根ざしているというニュアンスの差がある。」（『昭和維新試論』朝日新聞社、昭和五十九年、九〜一〇頁）

朝日がこの後者の良例だとして、彼の遺書となった『死の叫び声』を橋川はとりあげている。

これは富豪安田善次郎刺殺にあたっての斬奸状といえるものである。この斬奸状は続いてひきおこされたテロリズムを刺激した。巨額の財をなしてはいるが、民衆を無視し、社会を無視して、私利私欲を追い続ける安田にたいし、天誅を下すものだと朝日はいう。『死の叫び声』の冒頭の部分にこうある。

「奸富安田善次郎巨富ヲ作スト雖モ富豪ノ責任ヲ果サズ国家社会ヲ無視シ貪慾卑吝ニシテ民衆ノ怨府タルヤ久シ、予其ノ頑迷ヲ愍ミ仏心慈言ヲ以テ訓フルト雖モ改悟セズ由テ天誅ヲ加へ世ノ警メト為ス。」（大正十年九月、『現代史資料』（4）、みすず書房、昭和三十八年、四七九頁）

刺客共通の剛勇無頼の心情とは別に朝日の発言のなかには、平凡に真面目に生きようとする青年の心情が吐露されているという。つまり、剛勇壮烈な気持よりも、無力、弱虫的表情がみられ、何ごとも成すことなく一生を終える人間の一人であるというのだ。しかし、そういう人間であっても、最後になすべき仕事がある。それは理不尽な暴利をむさぼり、その財の上に胡座をかいている政財界の大物を誅することだと朝日は考えている。

橋川は『死の叫び声』のなかの次の文章を引用している。

「吾人ハ人間デアルト共ニ真正ノ日本人タルヲ望ム、真正ノ日本人ハ陛下ノ赤子タリ、分身タルノ栄誉ト幸福トヲ保有シ得ル権利アリ、併モコレナクシテ名ノミ赤子ナリト煽テラレ干城ナリト欺カル即ワチ生キ乍ラノ亡者ナリ、寧ロ死スルヲ望マザルヲ得ズ。」(「死の叫び声」『前掲書』、四八〇頁)

死の覚悟とはいっても、それによって世の中で、なにか大きなことをしでかそうというようなものではなく、これまでしたたかに辛酸をなめてきた自分の人生の悲哀に決着をつけようとする心情が強いと橋川はいう。

いかなる人間であろうと、生れ落ちたときはすべてにおいて平等であり、各々が幸福を享受する権利を有している。しかし、大半の人間は理不尽な社会的不平等と差別に遭遇し、辛酸をなめ、地獄のような日常を強いられて生きる。

安田善次郎などは多くの人々の犠牲の上に胡座をかいて生きる民衆の敵である。

昭和維新と朝日の関連についての橋川の結論は次のようなものである。

「やや性急に言うならば、私はもっと広い意味での『昭和維新』というのは、そうした人間的幸福の探求上にあらわれた思想上の一変種であったように考える。……(略)……同じことを裏面からいうならば、いわゆる維新者たちの人間性に多く共通してみられるものが一種不幸な悲哀感であるということになる。朝日平吾がそうした例の一人であることはたしかであろう。彼は強気の反面、いかにも感傷的な不幸者の印象をただよわせている。」(「序にかえて」『昭和維新試論』、一四頁)

朝日は何ごとかを成そうとするが失敗を繰り返す。その都度、自分のたどってきた薄幸的運命を嘆く。兄儀六によれば、平吾は子どものときから腕白ではあったが、学校の成績はよく「一等賞」や「優等賞」ばかりをもらっていたという。志は高いところに置くが、わが身は常に貧困と苦境にまとわりつかれ、世間からも冷眼を注がれ、人生のはかなさを味わった。

なかでも平吾にとって、実母の他界は彼の人生にこのうえない暗いかげを落すこととなった。実母の死により、継母との間には軋轢が生じ、このことから次々と彼の不幸がはじまった。兄儀六はこのことを次のように語っている。

「今思ふと其の死んだ母と云ふのが、学問も可也り有ったし非常な賢母でしたから、若し母が生きて在ったら或は平吾はとても、彼《あ》あした危険な思想には成らなかったかも知れぬなど〻思ふことも御座います。母の一番の楽しみは、哀れな人々に施しをすることでしたが、其の点は或は平吾が母から受けた美しい血であったかも知れません。」（奥野貫編『嗚呼朝日平吾』神田出版社、大正十一年、一八九頁）

馬賊への参加、大陸放浪なども、その遠因はそこにあったのかもしれない。継母の平吾にたいする冷酷さは平吾のこころをして、やがて父親への憎悪へとつなげていくことになる。

平吾は父と母（継母）にとって不要な人間で、家へ帰って欲しくない存在であった。

「四年ぶりに帰宅せしも、母は肴《さかな》一度供し呉れず、朝より夕まで一言も交されず、吾より談話《はなし》すれば逃げて答へず、恰《あたか》も針の蓆に座せし気持ちす。……（略）……予想外の家庭の有様に帰郷の途中に於ける心情とは正反対に聊か反抗の気分のきざせるを覚ゆ。皆父母の仕打ちか原因也《なり》」（奥野、同上書、二〇四頁）

朝日の安田善次郎暗殺についての当時の反響について、橋川は注目している。

橋川は朝日の安田暗殺を明治期の代表的暗殺事件よりも思想的深みがあるととらえた

新聞を予見力あるものとして評価し、また、個人的には民本主義で知られる吉野作造の「宮嶋資夫君の『金』を読む＝朝日平吾論」という小論をとりあげている。

橋川の主張を聞く前に、吉野の文章の一部を引いておきたい。


「先年朝日平吾なる一青年が安田翁を殺したといふ報道を新聞で読んだとき、私には何となく之が普通の殺人でないやうに思はれた。……（略）……事柄の善悪は別として、之には何か深い社会的乃至道義的の意義がなくてはならぬ。殊に安田翁が如何にしてかの暴富を作ったかを思ふとき、社会の一角に義憤を起すものあるも怪むに足らぬと平素考へて居た私には、……（略）……斯くて私は朝日といふ人物に就てはひそかに一個の勝手な解釈を有《も》って居たのであった。」（「宮嶋資夫君の『金』を読む＝朝日平吾論」『中央公論』大正十五年七月号、三三五頁）

橋川はこの「民本主義」者、吉野の論文のなかで、彼の感受性の鋭さを高く評価している。当時の知識人たちとはどこか違った評価で、朝日にたいする強い同情が見られるというのである。

朝日にたいする橋川の思いは昭和維新の原点探求につながるものであった。人間誰しも生れながらにして幸福を追求する権利をもっている。その追求の仕方は時代により、社会環境により、大きく異なる。橋川はこの昭和維新というものを人間が人間として真面目に幸福を追求しようとする過程における心情世界の一つのあらわれだったと見ている。

橋川の朝日を見る眼は、総体としては正しいように思う。しかし、朝日の心情をある領域に追いやっているようなところはないであろうか。

人間らしく、真正な日本人として生きたいという願望が朝日のテロ行為のモチーフとなっているのであるが、そのことだけではあるまい。国家、社会にたいする義憤というものも大いにある。志士仁人的勇敢さ、天下国家を論ずる志気もある。不幸な悲哀感だけで人が殺せるものではあるまい。そこには行動、決断の拠り所となる大義名分がなくてはならぬ。

橋川は十分そのあたりのところを理解しながらも、明治のテロリストとの区別を鮮明にするために、ある部分を強調しすぎているように私には思える。

## 渥美勝と昭和維新

橋川は次いで、朝日より十年ほど先に生れた渥美勝という人物に注目している。渥美は昭和三年、五十二歳で他界しているが、その他界の際、世間の常識では考えられない程の人が駆けつけて、渥美の死を弔ったという。

田尻隼人は次のように記している。

「享年五十二。訃報伝はるや、天下憂国の士皆哭せざるなし。同月五日告別式を営み、十二月九日、日本青年館に於て各国家主義団体及び思想団体共同主催の公葬を行ふ。頭山満を葬儀委員長に永田秀次郎、丸山鶴吉、大川周明、板倉永助等卅余名を委員に、神崎一作祭主の下に厳かに執行せらる。……（略）……君に妻子なし、然れども思想的後継者頗る多く、今や非常時の嵐を突破し、神政維新の大業に参画せんとする者踵を亜いで相至る。国の子桃太郎、君の偉業や真に大なる哉。」（「渥美勝君略伝」『日本之生命』教育之日本社、昭和八年、一一頁）

なぜ、橋川は昭和維新との関連で渥美に注目するのか。昭和維新に直接的に関わり、華々しい活躍をしたわけでもないこの渥美に。

普通に立ちまわっておれば、一高、京大という学歴を見てもそれなりの社会的評価も受けたであろうに、あえて、その世俗的な道を拒絶し、没社会的に無名の人として生き、生涯を閉じるというような人間に橋川は関心を示す。

出世の道からはずれ、一凡人として生きる人のなかに昭和維新につながるものがあるという。

渥美は明治三十三年、一高を卒業して京都大学に入学するが、そこを卒業することなく中途退学している。

渥美も当時の煩悶学生の例にもれず、一時期をそういう雰囲気のなかで苦悶しながら過した。人生不可思議、生きるべきか死ぬべきか、当時の知的空気はそのようなものとして、若者を囲繞していた。

国家的に有用な人間として立身出世するというような生き方になんの魅力も感じず、憂国や愛国の志士などは論外といった風潮が一部の若者の精神をとらえていたのである。

こういう雰囲気のなかでの象徴的な事件が藤村操の華厳の滝への投身自殺であった。明治三十六年のことである。

安倍能成の『岩波茂雄伝』から、岩波茂雄の言葉を橋川は引用している。

『そのころは憂国の志士をもって任ずる書生が〈乃公出でずんば蒼生を如何せん〉といったような慷慨悲憤の時代のあとをうけて、人生とは何ぞや、われは何処より来りて何処へ行く、といったようなことを問題とする内観的煩悶の時代でもあった。立身出世、功名富貴のごとき言葉は男子としては口にするを恥じ、永遠の生命をつかみ人生の根本義に徹するためには死も厭わずという時代であった。現にこの年〈明治三十六年〉の五月二十二日には、同学（一年下）の藤村操君は〈巖頭之感〉を残して華厳の滝に十八歳の若き命を断っている。・・・・』というのがその時代の傾向にほかならなかった。」（「渥美勝のこと」『昭和維新試論』朝日新聞社、昭和五十九年、二七頁）

朝日もそうであったが、渥美も母の死に襲われたのである。この母の死に関連して、渥美は常識からは大きくはずれた奇行と呼べるような行為をする。それは母の骨を食うという行為であった。骨すべてを平らげることはできなかったが、咽喉骨を食ったという。

田尻はそのことについて次のようにのべている。

『母を、おれのふところへ葬らう。母はきっと喜ぶに違ひない』こころを決してその骨を食べようとした。さすがに、咽喉骨《のどぼね》をやっと食べただけで、あとは手がつけられなかった。その後、やうやくにして菩提寺に埋葬することができた。『いかにも悲壮な声でもって――おれの腹のなかには、おふくろの咽喉骨が納まってゐるのだ――と、何かのときにいはれたことがあった』と、これも一高時代からの親友である板倉永助が語ったことがある。想ひみるだにも悲痛な光景であり、聞くだにも凄愴な言葉である。」(田尻隼人『渥美勝伝』大空社、平成九年、一二頁)

この母の咽喉骨を食うという行為は、母と一体になりたいという自己救済的願望のあらわれである。最愛の人との合体は、肉を食い骨を飲むという狂気的行為をともなうことがある。それは洋の東西を問わず、人類共通の呪術、信仰の一つでもある。母との別離は渥美にとって、この世との別離であった。

京都大学で彼は法学を選択したが、彼の詩人的心情の激しさは、そこにとどまることを許さなかった。仏教やキリスト教、その他、ヨーロッパの学問等々に傾注もしたが、どれもこれも渥美の内面を満足させるものはなく、彼が到達したのは日本神話であった。そのなかに自分の魂を救済してくれるものを発見したのである。

二度と大学に戻る気力もなく、母なき故郷にうちひしがれた身を横たえた。そのときのことである。渥美の耳に聞こえてきたものは近隣幼稚園児の唄う「桃太郎」であった。「桃太郎」と渥美の出合いを田尻は次のようにのべている。

「ある日のことであった。ふと聞くともなしに、隣接の幼稚園でうたふ可憐な児童の唱歌の声が、こころよく耳に伝はってきた。……（略）……彼はふと、思はず叫んだ。『ああ、さうだ。桃太郎だ。桃太郎だ』忽然として、『たましひ』を覆うてゐた迷ひの霧が霽れそめたのだ。一種、霊妙な悟りの扉が開けて、そこから『たましひ』の黎明が、力強い『いのち』の光が、全身全霊を照らしはじめたのだ。『人として、この世に生を享けたからには、宜しく万有を整理し、開拓し、統一し、一切不善、一切悪を征服し、あらゆる艱難辛苦を克服し、真理の宝庫を開拓するの信念と勇気とがなければならぬ。桃太郎こそは、日本民族生命の象徴にあらずしてなんであらう』との意識が、先づ生じてきた。」（『渥美勝伝』一三～一五頁）

渥美はここに桃太郎として生れかわったのである。桃太郎は皇国の神話そのものであり、日本民族の生命そのものであった。

渥美はこの精神を胸に抱いて前進する。彼は桃太郎の旗を立て、神田須田町広瀬中佐銅像前や上野公園、その他の場所で日本人の使命のなんたるかを説いたのである。

橋川は渥美の「桃太郎主義」を次のように結んでいる。

「渥美を知る人々の多くが証言しているように、昭和維新の願望をもっともナイーヴに、鮮烈に印象づけた人物が渥美であったとするならば、それは『昭和維新』が、まさに二十世紀初頭、世界的潮流となっていた帝国主義に対する日本人の初心の精神的反応の中にその起源をもっているからであり、そして、渥美のほとんど思想とも行動ともならなかった生き方の中に、人々が自らの維新願望の原型をたえず回顧せしめられたからであろう。」(「『桃太郎主義』の意味」橋川、前掲書、六五頁)

## 阿呆吉

橋川は渥美の作品の一つである「阿呆吉」に注目しているのであるが、これはどういうわけか。橋川はこの「阿呆吉」が渥美の遺稿のなかで、最も好きだという。それはこの「阿呆吉」のこころと渥美のこころとが重なるからであろう。

この作品は渥美が少年だった頃、故郷にあった話のようである。少し世の中の常識からは逸脱しているような男の話である。ムラの多くの人から嘲笑され、子どもたちからもからかわれ、馬鹿にされている。彼の風体もかなり常識的なものからはズレている。

渥美はこう描いている。

「吉っあん寒暑を通して袷衣一枚で、三十年一日の如く奉公し来たとでも云ひたいやうな古小倉の帯は垢付いて襞だらけになったのを引扱いて、一重廻わして尻の上にちょっと横腰に一つ引き締めて重ねて結んで、三つ四つ五つ、七つ計りも結び目を聯ねてだらりと下げて居る、宛然喪家の犬の尾の如くであった。」（「阿呆吉」『日本之生命』教育之日本社、昭和八年、二〇七頁）

意識して、こういう服装をしているのではない。これが自然体であるから値打ちがあるのである。他人が笑おうと蔑もうと、そんなことは吉っあんの眼中にはない。子どもたちにからかわれても彼は怒ることはない。吉っあんが優しいのをいいことにして、子どもたちは悪事のかぎりを尽すが、彼は「放してくれ」、「よしておくれ」というだけである。彼が本気になれば、そのような悪たれ小僧など、一蹴できるはずなのに、そうしないのである。ただ許しを乞うだけである。

吉っあんには唯一得意とするものがあった。路上にある小石や瓦の破片を歩く人が危険だからということで、どこまでも下駄で蹴っていく。両側の溝に落ちるまで蹴っていくという。「ほめ言葉」など吉っあんには不要である。

この渥美の「阿呆吉」に登場する「吉っあん」は、宮沢賢治の「虔十公園林」に登場する「虔十」に似ている。つまり、どういうことかというと、二人とも風体もさることながら、この現実世界のルール、規範に抵触するわけではないが、常識世界からはどこかズレているのである。世間でいうところの常識人ではない。

両者とも純粋で、世俗的欲望などかけらもない。他人を批判、攻撃することもなく、危害を与えることもない。自分が置かれた環境のなかで十全に生きている。神がかり的存在といってもいい。「虔十」の日常は次のように描かれている。

「虔十《けんじふ》はいつも縄の帯をしめてわらって杜《もり》の中や畑の間をゆっくりあるいてゐるのでした。雨の中の青い藪《やぶ》を見てはよろこんで目をパチパチさせ青ぞらをどこまでも翔《か》けて行く鷹《たか》を見付けてははねあがって手をたゝいてみんなに知らせました。けれどもあんまり子供らが虔十をばかにして笑ふものですから虔十はだんだん笑はないふりをするやうになりました。」（宮沢賢治「虔十公園林」『宮沢賢治全集』6、筑摩書房、昭和六十一年、四〇三頁）

それまで親に一度も迷惑をかけたことのない虔十が、ある日突然、杉の苗を七百本買ってくれという。家の裏の野原に植えるのだという。父親は快諾してくれ、兄の協力でその杉苗を植えた。土が粘土質で杉は育たず、七、八年経っても九尺程にしかならない。それでも学校帰りの子どもらが五十人も集まって並木道のようになった杉の間を列をつくって通り抜ける。虔十はそれを見て大きな口をあけて喜んでいた。毎日毎日子どもらはここに集まった。来ないのは雨の日だけだった。雨の降るなかでも虔十はそこに立っている。

「その日はまっ白なやはらかな空からあめのさらさらと降る中で虔十がたゞ一人からだ中ずぶぬれになって林の外に立ってゐました。……（略）……その杉には鳶《とび》色の実がなり立派な緑の枝さきからはすきとほったつめたい雨のしづくがポタリポタリと垂れました。虔十は口を大きくあけてはあはあ息をつきからだからは雨の中に湯気を立てながらいつまでもいつまでもそこに立ってゐるのでした。」（同上書、四〇八頁）

かなりの年月が過ぎ、かつてこの公園で遊んでいた子どもの一人がアメリカの大学教授になって帰郷した。虔十は他界していたが、その子どもたちの遊び場はそのままの姿で残っていた。その教授は虔十を賞賛し、誰が賢くて、誰が賢くないかわからないという、この公園を虔十公園林と命名した。

虔十も、吉っあんも、およそ近代の競争社会のなかで生きられる人間ではない。より多く、より速く、より能率よくといった価値の世界からは遠い地点にいる住人である。二人とも、原初的人間というか、神とも仏ともとれるような人間である。

渥美は吉っあんの最期を次のように締めくくった。

「耶蘇が高声に説明しつゝ行った事を吉っあんは黙って行って退けた。耶蘇は神の子の名を買って斃れたが吉っあんは唯だ阿呆の名を負ふて目を閉じた。」(「阿呆吉」前掲書、二一四頁)

渥美は吉っあんを神的、仏的存在として描くのであるが、そのような生き方に何を求めようとしているのであろうか。何も求めてはいないのであろう。渥美自身がそのように生きたのである。

橋川がいうように、たとえ渥美が昭和維新の頃まで生きていたとしても、おそらく彼はなんら成すことはなかったであろう。しかし、それにも拘らず、彼の死を知るやいなや、憂国の士が多くかけつけたことを私たちはどのように理解すればいいのか。彼のどこがそんなに偉大だったのか。

橋川も、このあたりのところがよくわからないと、次のようにいう。

「そのような渥美の何が人々に深い印象を与え、その友人板倉永助が書いているように『去る者日々に疎しということがあるが、渥美君に対しては、君を知るすべての人々が、かえってますますその追憶思慕の情を深からしめている』のであろうか。この問いに答えることができなければ、私の渥美論の意味もないことになるのだが、私にはその自信が十分にもてない。」（「渥美の遺稿『阿呆吉』」『昭和維新試論』朝日新聞社、昭和五十九年、四九頁）

## （二）保守主義

### 橋川の思想のスタンス

橋川文三は、なぜ保守主義に注目したのであろうか。彼のこの領域への注目は多くの人が避けて通るような問題に、あえて、力を投入したようにも思える。そういう気持があったかどうかは別としても、橋川がこの問題に注目したことは、近代日本思想史研究における一つの空白の部分を埋めようとしたともとれる。

人はそれぞれ仕事の上で、話さなければならず、書かなくてはおれないものがあるが、そういう表面的なものとは別に、その奥底につまりその人の体内に潜んでいるものがある。橋川の場合、その一つに保守主義への傾斜があったのかもしれない。

日本的マルクス主義、つまり、階級史観に立った歴史認識か、それとも、右翼、国粋主義的運動の立場からのそれか、という極端な潮流が存在し、跋扈していたなかで、そのいずれによっても人間の精神の微妙な部分に触れることは困難であろうし、そのことは、特に歴史の微妙な動きと人間の交わりについては、肝心なところが抜け落ちることになるという思いが私にはある。

橋川はこの左右のいずれかの政治的潮流からも一定の距離を保っていたように思える。

日本浪曼派研究にしても、杉浦明平のような徹底した保田与重郎攻撃をしてもいないし、かといって、保田を全面的に是としているわけでもない。

杉浦明平は昭和二十一年二月の「帝国大学新聞」第五十二号で「我々はもうだまされない」という次のような発言をしている。

「われわれは自分たちの力、自分たちの手で大は保田とか浅野とかいふ参謀本部お抱への公娼を始め、それらで笑を売ってゐる雑魚どもを捕へ、それぞれ正しく裁き、しかして或ものは他の分野におけるミリタリストや国民の敵たちを一緒に宮城前の松の木の一本々々に吊し柿のやうに吊してやる。」（『暗い夜の記念に』風媒社、平成九年、一〇三頁）

「保田与重郎こそバカタンはもちろんあの悪どい浅野晃や亀井勝一郎さへ到底足許にも寄りつけぬ、正に一個の天才といふべき人間であった。剽窃の名人、空白なる思想の下にある生れながらのデマゴーグ—あのきざのかぎりともいふべきしかも煽動的なる美文を見よ—図々しさの典型として、彼は日本帝国主義の最も深刻なる代弁者であった。」（同上書、一〇四－一〇五頁）

保田の内面に入り込み、内在的に批判、克服してゆかねばならないということが、橋川の日本浪曼派研究のモチーフの一つであった。

一時、橋川は共産党に籍を置いたことがあるが、さまざまな思想を熟慮した上で、心底から共産主義に共鳴して入党したというより、編集の仕事をしていた橋川は共産党に入ることによって、雑誌の編集の仕事などを含めて、なにかと都合がよかった、というようなことがはたらいていた。丸山真男がこの件について、こう語っている。

「とにかく橋川君の入党について、今でも覚えているんだけど、国電の中で、ポツリと彼が『どうもパルタイにはいらないと編集の上で具合が悪いんです』というんです。それで、具合が悪いなんていうことで入党するもんじゃないっていって、ぼくは叱ったのを覚えています。…（略）…だから後年、橋川君はぼくに笑いながら、『どうも変なもので、なんとなく入党し、なんとなく脱党したという感じです』なんて話したことがあります。」（『橋川文三著作集』（7）、「月報（7）」、筑摩書房、昭和六十一年、五頁）

また、全共闘からも、共産党からも、橋川は批判、攻撃を受けてはいない。したがって、彼は卑怯者と呼ばれたり、「不決断主義者」であると揶揄されたりもした。丸山真男は当時の橋川について次のような発言をしている。

「全共闘のあのさわぎのときは、橋川君に電話をかけたりして、まあ、どこも大変でしたから、きみのところはどうなんですかってきいたら、自分は台風の目みたいなもの……台風の目になっちゃった、だから無風地帯ですといっていました。…（略）…彼は全共闘からも民青からも全然攻撃されていない。攻撃されないどころか、ぼくは不決断主義と関係があると思うんだけれど、あの文体の一種の調子で、あのときの騒いだ学生とどこか共鳴盤があると思うんです。」（同上誌、一三頁）

丸山のいうように、橋川の心中に全共闘と共鳴するところがあったかどうかについては興味あるところであるかもしれないが、私には丸山の視界には入りきらない橋川の時代や歴史をみる眼の鋭さや幅があったように思える。その一つの要因として、橋川の保守主義的思考があげられるのではないかと思う。

橋川の心中深くあったものは保守反動とは大きく異なるものであるが、さりとて、単純な過去から何も学ぼうとしない意味での進歩主義とか、啓蒙合理主義といったものでもなかった。

## K・マンハイムの保守主義認識

ながい歴史の激動と推移に耐えぬいてきた人々の良識と知恵、つまり、歴史の連続性と具体性を重くみて、それぞれの存在について、その存在理由を探り、それが理解できるまで拘泥する精神が橋川のなかには宿っていたのである。この世に理由もなく存在しているものはないということである。

当時、保守という政治志向を表明することは保守反動につながるという怒号を呼ぶことになっていた。したがって、できる限り、保守という言葉は使いたくないという風潮があった。

保守主義はE・バークの思想のなかに、その特徴がみられるのであるが、橋川は保守的思考の分析にはK・マンハイムをもってくる。

マンハイムはまずもって、この保守的思考様式というものを近代思想史上における一つの潮流として位置づける。保守主義が明確に政治的思想として存在するようになるのは近代以後においてである。つまり、それは近代的起源をもつものである。※

※これはちょうど、それまで各郷土に存在していた普遍的郷土愛（人間のもつ基本的感情）が、近代をまって、ナショナリズムという国家的なものに推移してゆくのと同様である。

マンハイムがいうには、人間という生きものは旧来の存在を守り、新しいもの、未知なるものに、不安、恐怖を抱くという心的要素をもっているのである。この心的要素を純粋または自然的保守主義という人もいたが、マンハイムはこれをM・ヴェーバーにならって伝統主義と呼ぶことにした。

マンハイムはこうのべている。

「われわれは旧来のものを墨守し、更新にたずさわるのを嫌うような人間的な心的要素を一般的にもっている。ある人はこの特性を『自然的保守主義』とも呼んだ。しかし、この『自然的』という危っかしい言葉をさけて、マックス・ヴェーバーによって好んで用いられた表現、すなわち伝統主義という言葉を、この普遍的な人間の特性を示すために、使用したい。」(『保守主義的思考』森博訳、筑摩書房、平成九年、一九頁)

そして、この伝統主義というものはどんなに時代が変化しようと、常に人の心中に存続するものであり、また、その人間がどんなに革新的であり、進歩的であったとしても、人間一般としてもっている心情だとして、彼は次のようにのべている。

「このような伝統主義は現代においても存在しており、今日でもなおしばしば意識の呪術的要素の残滓と結合している。それゆえ、伝統主義的行為は、現代においても、政治的もしくはその他いかなる種類の保守主義とも結びつかない。たとえば、政治的に『進歩的』な人でも、その政治的信念となんらかかわりなく、特定の生活領域ではきわめて『伝統主義的』に行為できる。」（同上書、一九－二〇頁）

保守主義の成立にあたって、マンハイムはいかなる社会的、歴史的条件を用意するのか。それは、一口にいってしまえば、近代世界そのものが動的になるということだと彼はいう。

## フランス革命とE・バーク

動的な大事件として、フランス革命があるが、マンハイムはこの革命とバークの関係を次のようにいう。

「フランス革命に反応する近代保守主義のすべてのものが、なんらかの程度においてバークの影響を受けている。」（同上書、一三八頁）

橋川も、マンハイム同様、バークの思想のなかに、近代保守主義の特徴をみることができると、次のようにのべている。

「私たちは、バークの思想の中に、それ以後のヨーロッパに展開した保守主義のあらゆる特性を見出すことができるばかりでなく、直接バークの思想に影響されたとは到底思われない地域や時代において（たとえば近代日本において）、一般に保守主義とよばれる政治や思想の傾向の中に、バークのそれと本質的に同一の発想を容易に見出すことができるであろう。…（略）…バークの中に私たちは、近代保守主義のあらゆる可能性が含まれていることに気づくはずである。その意味では、バークは、フランス革命を生み出した逆説的な予言者であり、独得の天才であったということができる。」（「日本保守主義の体験と思想」『保守の思想』〈戦後日本思想体系（7）〉筑摩書房、昭和四十三年、六頁）

フランス革命という政治的事件を契機として、バークの保守主義は誕生するのであるが、これはきわめて歴史的産物である。この衝撃は海をこえて、イギリスに激しく影響をおよぼした。否、イギリスのみならず、ヨーロッパの多くがこの衝撃によって、無秩序のなかに投げこまれることになった。イギリスを例にとろう。

イギリスにはこの事件によって二つの潮流が生れた。

一つは旧体制の政治、経済、その他諸々の価値を軽蔑するというものであり、いま一つはこの革命は良識もなく、野蛮で略奪と残虐と恐怖以外はなにもなく、ただ破壊し、社会を混乱におとしいれるだけのものだという立場である。

後者を代表する思想家がバークであることはいうまでもない。

フランス革命の衝撃はイギリスの支配層の態度を硬直化させた。進歩的、革新的なものとも、可能なかぎり妥協の線にとどめていたものを明確に保守へと転化させたのである。バーク自身の発言もその線に沿ったものとなる。

『フランス革命についての諸考察』※を書いて、バークは名実ともに近代保守主義者となった。

※本書の一般的評価は次のようなものである。「『フランス革命についての諸考察』は、政治思想における保守主義の、最初かつ最高の表現といわれる。それは、名誉革命に象徴されるイギリスの政治的伝統の、ほとんど無条件の擁護論であり、あらゆる変革の拒否である。けれども、それらの感傷的な伝統擁護論とおしゃべりのなかに、一方では、ブルジョア民主主義へのするどい批判が、ひらめき、他方では、保守主義の社会的きそが、衣のしたのよろいのように、のぞいている。」(「フランス革命についての諸考察」『世界大思想全集―社会・宗教・科学思想篇(11)』水田洋訳、河出書房、昭和三十二年、二七九頁)

バークはいうまでもなく、ウイッグ党で重要な役割を担っていた。この党は議会の権利や民権の尊重を主張し、まがりなりにも革命政党である。名誉革命を推進し、それなりの成果をあげたのである。

その政党で重きをなしていたバークがフランス革命に賛同するのではなく、それに恐怖を抱き、痛烈な批判、攻撃を展開したのであるが、それはどういうことか、この点からバークの保守主義思考の特徴が生れるのである。それはこういうことである。けっして、すべての変革を受け入れないというものではなく、進歩も変革も、過去との断絶がないかぎりにおいて許せるものであった。

橋川はこのバークの保守主義の特徴をうまく要約したものとして、小松茂夫の次の文章を引用している。

「この哲学の特色を簡単に示せば、それは第一につねに、『現状 (Status quo)』のなかに『守るべき (conserve)』ものと『改善すべき (improve)』ものを弁別し、『絶対的破壊 (absolute destruction)』の『軽薄 (levity)』と『一切の改善をうけつけない頑迷 (the obstinacy that rejects all improvement)』とをともに排除しようとするものであり、第二に、そのような『保守と改革』とにあたっては『旧い制度の有益な部分が維持され』、『改革』によって『新しくつけ加えられた』部分は、これに『適合するようにされるべきであり』、全体としては、『徐々とはしているが、しかし、きれ目のない進歩 (a slow but well-sustained progress)』が保たれることを政治の眼目とする、」(小松茂夫「保守の価値意識」『現代思想』V、岩波書店、昭和三十二年、二二五頁)

## E・バークの保守主義の内容

私なりにバークの保守主義の内容について若干ふれておきたい。

まず、バークは、宗教の重要性についてことのほか強調する。

人間存在の根本をなすものとして、宗教を位置づける。宗教をないがしろにするところからは、人間社会そのものが成立しない。宗教は人間のもっている悪しき本能にたいする最後の防壁でもあるという。宗教の現実世界における拠点でもある教会の機能は国家と密接につながっている。「国家と教会は、かれらの心のなかでは、分離されえぬ観念であり、一方があげられて、他方があげられぬということは、ほとんどないのである。」(「フランス革命についての諸考察」、前掲書、一〇一頁)とのべ、両者の非分離性を説いている。さらに、こういうこともものべている。人為的、契約的構成物としての国家ではなく、有機的国家のなかにおいてこそ、宗教は確たる地位を保障されるという。

バークは次のようにのべている。

「宗教が、市民社会のきそであり、すべての美と安楽との、源泉であることを、われわれは、しっているし、さらにいいことには、それをわれわれは、内面的に感じている。イングランドでは、われわれは、このことをひじょうにつよく確信しているので、迷信というさびが、ここにはないし、イングランドの人民の一〇〇人中九九人は、不信の方をこのむということがないほどである。」(同上書、九三－九四頁)

次に国家に関してであるが、バークは国家を神秘的有機体と呼んでいる。この国家を見る眼はバークの政治哲学の基礎的姿勢ともいうべきものである。彼にとっての国家は啓蒙合理主義者たちがいうところの原子的個人の社会契約によって導きだされるものではない。

フランス革命によって主張された平等主義の民主政治に反対し、激しい憎悪の念をもって擁護したものは、聖者と騎士の国家である。それは、いずれにしても、最高度に生命力をもったものでなければならなかった。バークは社会と比較して国家の尊厳について次のようにのべている。

「社会は、まさしく、ひとつの契約である。たんなる偶然的な利害の諸対策についての、従属的諸契約は、すきなように解消してゆく。しかし、国家は、こしょうやコーヒーやキャラコやタバコの貿易や、その他このような低級な事業における、合同事業協定とかかわりなく、ちいさな一時利益のためにつくられ、当事者の気ままによって、解消されるべきものと、みなされてはならない。それはちがったそんけいをもってみなされるべきである。」(同上書、九九頁)

バークの国家論の特徴の大きなものとして、世代を超えた継続性という問題がある。国家というものは現存している人たちだけのものではなく、もうすでに他界している人々、そして、また、これから生れてくる人たちのものでもある。つまり、多くの世代にわたる永遠のものだとの認識が彼にはある。

バークはこういう。

「それはすべての科学における合同事業であり、すべての学芸における合同事業、あらゆる徳、あらゆる完成における合同事業である。このような合同事業の目的は、多くの世代によっても達成されえないから、それは生きている人々と、しんだ人々と、うまれてくる人々との間の、合同事業である。個々の国家の、それぞれの契約は、永遠の社会の、偉大な太古の契約のなかの、一条項にすぎない。」（同上）

次に、これまた、保守主義の核心となるものであるが、革命的自由、平等を否定し、自然法的自由より人定法が優先することをバークは強調する。

「知恵がなく、そして徳がない自由とは、いったいなんであろうか。それは、あらゆる可能な害悪のなかで、最大のものである。なぜならば、それは、おろかさ、悪徳、狂気であり、教導も抑圧ももたないものだからである。」（同上書、二四一頁）

名誉革命のなかで成立したウイッグ党的自由は否定しないが、フランス革命的自由は否定する、いいかえれば、名誉革命的自由によって、フランス革命的自由を否定したともいえる。バークにすれば、フランス革命が獲得した自由というものは、なによりもイギリスの伝統や秩序を無視し、破壊し、世の中を不安と混乱におとし入れる抽象的暴力的なものとして映ったのである。

次に彼が強調するのは「きれ目のない進歩」ということである。旧慣になにがなんでもこだわるというものではなく、伝統に強く注目しつつ、それとの連続性を維持しながら、改善への道を探索してゆく精神を重視するのである。

この「きれ目のない進歩」で欠かすことのできないものが、先入見であるが、これは最初の固定観念のことをいうのではなく、客観的政治状況のなかにあって、保守すべきもの、積極的に望ましいと評価できるもののことをいうのである。これは事が重大で至急を要するとき、すぐに適用できるもので、決定の瞬間などにおいて、ためらわせたり、困惑させたりしないのである。

バークは、そのほか、私有財産の神聖視や有機的社会観などを保守主義の特徴としてあげている。

橋川はこのバークに源流をもつところの保守主義を根底に置きながら、歴史の連続性にもとづいた漸新的改革を志向する人間を、保守主義者と呼んだ。

## 日本の保守主義の源流

彼は近代日本において、バークのような保守主義者が生れる時期を、明治二十年前後※に置いた。

※この時期に保守主義の誕生をみたのは次のような理由によるという。「変革の急速・広範な浸透に対して、たんに反射的な抵抗ではなく、本来の保守思想が反対潮流として形成されるためには、進歩・改革の意味があるていど明確化し、それに対抗する新しい反省形態の担い手が成熟するための時間が必要であった。」(「日本保守主義の体験と思想」『保守の思想』〈戦後日本思想体系(7)〉筑摩書房、昭和四十三年、一三頁)

この時期の保守主義の源流を代表する人物として、橋川は元田永孚、西村茂樹をあげる。この二人は天皇にちかい存在として、政府の文明開化というヨーロッパの法制度の導入に批判的姿勢を示しているが、たんなる旧慣に固執しているわけではないと橋川はいう。

橋川はこの二人をあげてはいるが、真の保守主義者誕生は彼らよりも一世代若く、谷干城らと保守中正派を組織し、雑誌「保守新論」を出した鳥尾小弥太に近代日本の保守主義者の生誕をみている。

橋川は次のように鳥尾を評している。

この時期に、文字どおり自ら『保守』の名をかかげてその立場を主張した人物は恐らく鳥尾小弥太を以て嚆矢とするであろう。…（略）… 幕末の国学や儒教の流れを汲む守旧派のそれと全く本質をことにするものであったことがわかる。『保守とは、保ち守るの意なり。世に一流の輩ありて、保守とは頑固なりと云うものあれど、そは僻事なり。頑固は頑固なり、保守は保守なり。文字同じからず。あにその義理を同じゅうせんや。保守は破ることを嫌う。必ずしも変ずることを嫌わず。されど変ずべからざるものを変ずる時は破るなり。よくこの意味を翫味すべし。云々』（『得庵全書』所収、「臣の支垣」）という鳥尾の言葉があるが、」（同上書、一四－一五頁）

戦後の保守の思想ということになれば、柳田国男、津田左右吉をあげるのが妥当であると橋川はいう。柳田についてはこうのべる。

「柳田国男はわが国における最も純粋な保守主義を代表すると私は考える。われわれは、彼のうちに、バークからヘーゲルにいたるヨーロッパ近代の保守主義に共通する幾つかの性格をかなり容易に指摘することができる。日本の『保守』主義の論理は、しばしばそのまま『反動』主義と結びつく場合が多かったと考えられるが、われわれは、柳田において、保守がその未来的な意味と機能を冷瓏と展開しえた幸福な例証を見ることができる。」（「保守主義と転向」『橋川文三著作集（6）』筑摩書房、昭和六十一年、

五五頁）

保守主義の核心となるものは当為の世界を前提としてはならず、現存するものの生成を忠実に観察してゆくということのなかにある。どんなに些細で無意味におもえるものでも、現存するもののなかには、かならず、それなりに存在理由があり、それを内面から理解しようとする「やさしさ」と「はげしさ」がなければならないのである。橋川は当為と存在についてこうのべている。

「左と云ば『社会科学』の立場から、勤労大衆を『プロレタリアート』という当為の立場からとらえ、その思想や心情をすべてその見地から演繹しようとする思考様式と、必ずしもそのようには行動しないであろう一般大衆の存在を、その存在そのものから理解しようとする態度とは明かにことなっている。」（『保守の思想』、二八頁）

共産主義の宣言が絶対的真理で、それがありうべき唯一のこととするとき、そのことと自分の主張がくい違う場合、当為が正しく、自分の主張が間違いだとしてしまうことが多い。

柳田は極端な国粋主義者に走ったこともないが、革命的志向をもった人たちに同化したこともない。革命的志向に共鳴することはなかったが、なぜか、彼の傘の下にまかなりのコミュニストたちが集まっていたのは事実である。それぞれの人たちが、それぞれの理由をもっていたのであろう。

橋川は柳田の『先祖の話』※を読めば、この時点で、彼がなにを保守すべきものと考えていたかがよく想像できるという。

※『先祖の話』の「自序」で柳田は学問（民俗学）の使命を次のようにのべている。「今度といふ今度は十分に確実な、又しても反動の犠牲となってしまはぬやうな、民族の自然と最もよく調和した、新たな社会組織が考へ出されなければならぬ。それには或る期間の混乱も忍耐するの他は無いであらうが、さう謂って居るうちにも捜さずにはすまされない色々の参考資料が、消えたり散らばったりする虞れは有るのである。力微なりといへども我々の学問は、斯ういふ際にこそ出て大いに働くべきで、空しき咏歎を以てこの貴重なる過渡期を、見送って居ることは出来ないのである。」（「先祖の話」の「自序」『定本柳田国男集』第十巻、筑摩書房、昭和三十七年、四頁）

この『先祖の話』には多くの若者が、悲しくも散華していった頃、戦後の雰囲気を想像しながら、柳田が執筆したものである。

いろいろな思いを抱いて散華していった若者の魂のゆくえを心配し、その霊を鎮めることを熱望したものでもあった。

橋川が注目したのは、ここで柳田が天皇制や国家論の次元で先祖の問題をとらえていないということである。

橋川はこういっている。

「ここで柳田が、日本国家の敗滅とか、天皇制の未来とかの次元で問題を考えていないことは、この著作を見れば明かである。彼はただ、無数の一般の日本人の心の中で、何がおこりつつあるか、それはどういう意味をもつかをその学問のすべてをあげて解明しようとしたにすぎない。そして、その結論は、いかにも柳田にふさわしいことであるが、たとえいかなる悲惨の境遇におかれようとも、日本人の魂はその自らの心によって、未来の日本形成のために回帰してくるであろうというものであった。『七生報国』などという発想が、全くミリタリズムとかかわりなく、柳田によって新しく読みかえられている。」(『保守の思想』三〇－三一頁)

橋川にいわせれば、柳田の射程に入っているものは、過去、現在、未来というものの連続した世界なのである。これこそが保守の原点であって、このことを理解しなければ、柳田の学問は無意味なものとなるとまでいう。

国家についての柳田の見解も、過去、現在、未来が一つになったものとしての認識がある。つまり、国家というものは現存する人間だけのものではなく、すでに他界している人たち、そして、これから生れてくる人たちにとっても、大きくかかわるものであると柳田は次のようにいう。

「加之国家ハ現在生活スル国民ノミヲ以テ構成ストハイヒ難シ死シ去リタル我々ノ祖先モ国民ナリ其希望モ容レサルヘカラス又国家ハ永遠ノモノナレハ将来生レ出ツヘキ我々ノ子孫モ国民ナリ其利益モ保護セサルヘカラス」(「農業政策学」『定本柳田国男集』第二十八巻、筑摩書房、昭和三十九年、二九四－二九五頁)

この見解など、バークの「合同事業」としての国家とほぼ同様と考えてよかろう。

## 主要参考・引用文献


橋川文三『日本浪曼派批判序説』未來社、昭和三十五年、『昭和維新試論』朝日新聞社、昭和五十九年、『転位と終末』、明治大学出版研究会、昭和四十六年
『橋川文三著作集』(1)(6)(7)、筑摩書房、昭和六十年、昭和六十一年、昭和六十一年
「橋川文三研究」『思想の科学』思想の科学社、昭和五十九年六月
橋川文三編『保守の思想』〈戦後日本思想大系(7)〉筑摩書房、昭和四十三年
中島岳志『朝日平吾の鬱屈』筑摩書房、平成二十一年
奥野貫編『嗚呼朝日平吾』神田出版社、大正十一年
渥美勝『日本之生命』教育之日本社、昭和八年
江島靖喜「国之子『桃太郎』渥美勝」(上)(下)動向社、平成十年十二月、平成十一年二月
杉浦明平『暗い夜の記念に』風媒社、平成九年

竹内好『新編・日本イデオロギイ』〈竹内好評論集〉第二巻、筑摩書房、昭和四十一年
なかの・しげはる「第二『文学界』・『日本浪曼派』などについて」『近代日本文学講座』(4)、河出書房、昭和六十一年
西田勝「日本浪曼派の問題」『新日本文学』昭和二十九年十一月
藤田省三『第二版・天皇制国家の支配原理』未来社、昭和四十九年
保田與重郎「農村記」『保田與重郎全集』第二十四巻、講談社、昭和六十二年、「現代畸人伝」『保田與重郎全集』第三十巻、講談社、昭和六十三年
桶谷秀昭『保田與重郎』新潮社、昭和五十八年
『情況』明治大学出版学会、昭和四十六年三月
久野収・鶴見俊輔『現代日本の思想――その五つの渦』岩波書店、昭和三十一年
『現代史資料』(4)、みすず書房、昭和三十八年
吉野作造「宮島資夫君の『金』を読む 朝日平吾論」『中央公論』大正十五年七月号
安倍能成『岩波茂雄伝』岩波書店、昭和三十二年
田尻隼人『渥美勝伝』大空社、平成九年
宮沢賢治「虔十公園林」『宮沢賢治全集』(6)、筑摩書房、昭和六十一年
満川亀太郎『三国干渉以後』論創社、平成十六年
影山正治『維新者の信条』大東塾出版部、昭和十七年
宮嶋繁明『三島由紀夫と橋川文三』弦書房、平成十七年
K・マンハイム『保守主義的思考』森博訳、筑摩書房、平成九年
E・バーク「フランス革命についての諸考察」『世界大思想全集―社会・宗教・科学思想篇(11)』水田洋訳、河出書房、昭和三十二年
小松茂夫「保守の価値意識」『現代思想』V 岩波書店、昭和三十二年

丸山真男「反動の概念」『現代思想』V 岩波書店、昭和三十二年
柳田国男「先祖の話」『定本柳田国男集』第十巻、筑摩書房、昭和三十七年、「農業政策学」『定本柳田国男集』第二十八巻、筑摩書房、昭和三十九年
北岡勲『保守主義読本』野田経済社、昭和三十九年、『国際保守主義』実務会計社、昭和四十一年
阿閉吉男編『マンハイム研究』勁草書房、昭和三十三年

# 村上一郎と草莽

## 松本健一の村上評価

正しい歩きぶりをしている人を、この汚濁の満ちた現実に毒されてしまった人たちは、狂と呼び、鬼と呼び、変人と呼んで、平然としている。

いかがわしい虚飾だらけの現実世界で、生きることのみが重要視されているこの壁を打ち破ることなしに、美しく、正しく生きる人間が生れることも、評価されることもない。

これから少しだけ言及してみようと思う村上一郎の生きざまなど、戦後民主主義の雰囲気のなかで、私的利益優先の汚れを飲まされて育った人たちには容易に理解できるとは思わない。

私は松本健一の次の村上一郎評価が好きである。

「村上一郎はまさに一個の草莽として生き、一個の草莽として死んだ。草莽の屍は山にむせばよく、海に水漬けばよい。もともと草莽あるいは草茅《そうぼう》は、くさむらを意味していたから、死してふたたび野のくさむらに立ちまぎれればよいのである。いや、生きているときから、野のくさむらにあって、ひとの知る知らぬにかかわらず、萩原朔太郎のいう『直《ちょく》として通ずる』を想うて、志をしろく立てているのが草莽である。」(「最後の草莽」『磁場』〈臨時増刊〉国文社、昭和五十年五月、七九頁)

## 草莽とは

草莽は情熱を第一義とした生き方をとるとか、理性、合理に生きるとか、などを問うことはしない。それらをすべて超越して、孤絶し、一人淋しく生きて、やがて逝く人のことをいうのである。草莽は、国家のために尽力する「草莽の臣」とは決定的に違う。

村上は、草莽を次のように説明している。

「草莽はまた草茅といってもよい。ともに草野、草むらを意味する。そうした草ぶかい辺りに身をひそめ、たとえ家に一日の糧なくも、心は千古の憂いを懐くといった趣の、民間慷慨の処士こそ、明治維新期に考えられた草莽の典型であったろう。威武も屈する能わず、貧財も彼を移すことはできない。精神の自立者で、彼はある。」(『草莽論』大和書房、昭和四十四年、二〇～二一頁)

草莽は、貧富の差や身分の違いなどを超越したところで生き抜く。しかし、そうであるからといって、世情にことごとく無関心で生存しているわけではない。こころのなかには、常に毒も牙をも宿していて、機が熟すのを待っているのである。

いったん緩急あれば、義侠的精神に富んだ徒を集め、干戈を交えなければならない。

また、村上はこうもいう。

「たとえば志を得ず、一生晴耕雨読に明け暮れるとも、なおこころ屈するところなく、潔士としての生涯を終る決意こそ、草莽のものである。これは言うに易く行なうに難い道である。」(同上書、二一頁)

ときとして、草莽はいさましい意気をもって奮い立たねばならず、強くなくてはならぬ。そして、権威と武威を掲げる必要もある。しかし、彼の真の姿は誰れにたいしてもやさしく、情にもろく、涙もろく、詩や歌をつくる人のこころをこころとしているのである。

四季折々の草花の無償の行為に深く思いを込めて涙するのである。

先に絶望の影が強くせまっていても、草莽は政治的「かけひき」の世界に出没することはない。

権力の動静に無関心でいるわけではないが、できるだけその世界からは遠く離れたところに一人静かに佇むことを第一義とする。

権力から離れているからといって、草莽は民衆の世界にどっぷりつかっているわけではない。民衆は常に自分を拒絶することを草莽は知っている。このことについて村上の言はこうである。

「それなら草莽は、天下国家がどうひっくり返ろうとおよそ体制に関係なく(意識の上で）日々の労働に従事し、家をなし子を作って死んでゆく、常民の生活のなかに密着しているのかというと、これまた逆である。なぜならインテリゲンチャであり、一己の労は惜しまないが、兆民のために働いても常民は彼らを拒絶するからである。」（同上書、一二三頁）

権力からも遠く、民衆からも拒絶されて生き抜くところに草莽の存在理由がある。国家が形成し、国民に強要する諸々の倫理や形式が法的秩序だとすれば、草莽は、常に法の外にいる存在ということになる。

国家によって作為された法に忠実に生きる人間だけが良民ということになるが、草莽はそんなものにこころを動かされたりはしない。

そうであるとすれば、ここにやっかいな問題が発生する。草莽は自分で草莽であることを自覚しなければならず、当然のことであるが、そのための言動の基準を自分で決する以外にないのである。このことは、そのなかにきわめて危険なものを含むことになる。草莽であることと、その行動基準の根拠を探し、数多くのものからそれを作成しなければならないのである。そうするためには次のようなことが必要だという。

「万巻の書が必要であるし、それに直向う自覚が明晰でなければなるまい。自己分析、自己省察ができなければならぬのである。常に『天地に負《そむ》かず』という自己確証を要

するのである。」（同上書、三〇頁）

ここには神か童子のような純粋さが欠かせないことになる。

## 社稷

ところで、草莽がこの世で、この人生で、もっとも大切にしなければならぬと思っているものは社稷であると村上は断言する。それは農を基盤とした人間の自然の営みである。社は土の神、稷は穀物の神のことである。両者を天地自然と呼んでもいい。この社稷は、人間の生存にとって究極のものであり、生活の総称を示すものといえる。人間生存の根本に社稷があれば、国家などは二の次、三の次でいいのである。

世に農本主義者と呼ばれてきた人たちにとって、この社稷は彼らの思想内容のキーワードともいえるものであった。

これが物心両面において、農耕生活の中心に置かれるものであるがゆえに、資本主義化による農の世界の危機的状況においては、それを死守しようとして、急進的反逆の武器となることもある。革新のバネとして、社稷に国家を超える思想の核という役割を与えたいという期待を持つことがある。

## 権藤成卿の「自治民範」

資本主義体制、プロシア的官治制度を超克するための重要な契機として、社稷に注目し、そのことを強く自覚したのは制度学者であり、農本主義者であった権藤成卿である。彼の名著の一つである『自治民範』（平凡社、昭和二年）によって、その内容に少し触れておきたい。

権藤のいうところの社稷自治理念には、一般にいうところの市町村自治というような政治的意味はなく、「民自然にして治る」というような意味、つまり権力者によって統治されるものではなく、民衆本来の生活が漸化されてゆくものとの確信に裏付けされたものである。

わが国の建立は社稷が基本になっていると次のようにいう。

「社稷は国民衣食住の大源である、国民道徳の大源である、国民漸化の大源である、日本典墳たる記紀に神祇を『アメツチノカミ』と訓せるは実に社稷の意にして、アメツチは天地、天地は自然である、其自然に生々化々無限の力がある、我国の建立は悉く社稷を基礎として建立されたものである。」（『自治民範』一五五頁）

日本は物心の中核に社稷を置いているから、まさしく農本国家である。農の根源的意味は、人間生活そのものを紡ぎだすもので、これを中心とした主義は、どのような主義、主張をも超えて存在するという。

「社稷の営みがあれば、『一歩を進めて是等の異同差違ある学説主張を明瞭にし、互に錯誤なき様に努力し、其最善の方法に就き、一般衣食住の安泰を図らねばならぬ。我社稷の大則は、決して彼の一般白人の宗教観念の如く、基督教国家人にあらざれば人にあらずと云ふが如き、偏狭なものではない。』」（同上書、二五六頁）

社稷に依拠した生活から湧出してくる思想は排他的になることはない。衣食住と男女の関係はイデオロギーを超え、国家を超える。

人間生活にとっての国家と社稷の重さの違いは次のように説明される。

「制度が如何に変革しても、動かすべからざるは、社稷の観念である。衣食住の安全を度外視して、人類は存治し得べきものでない。世界皆な日本の版図に帰せば、日本の国家といふ観念は、不必要に帰するであらう。けれども社稷といふ観念は、取除くことが出来ぬ。国家とは、一の国が他の国と共立する場合に用ゐらるゝ語である。世界地図の色分けである。」（同上書、二六一頁）

「世界皆な日本の版図に帰せば」という個所を取り上げて、これは超国家主義的発想で、全世界を日本の天皇」に置こうとするものだという指摘もあるが、これは極端すぎる読み方であって「例えば」の話を権藤はしていると私は解釈したい。国家の相対化とみていいのではないか。現実世界において、国家の死滅など瞬時において、おこりうることであり、私たちはそのことを目の当りにしている。

権藤の発言を額面通り受けとめるとするならば、国家およびそれに付随する諸々の価値を相対化し、社稷の原点に人類は戻るべきだということになる。

人類生存の根源にまで降りていって、人為的人工的諸価値を打破する方途を権藤は探っていると私はみたい。

人間の生の根源的拠り所である社稷の重要性を忘れ、西洋的国家主義を模倣し、受け入れてしまったところに、近代日本の不幸があるというのである。つまり農業国家の精神を忘れ、捨て、都市文明のかたちを模倣してしまったのである。

明治、大正、昭和初期の無政府主義と呼ばれた岩佐作太郎がこんなことをいったことがある。国家というものは「国」の寄生虫であると。ここで岩佐が「国」と呼んでいるのは、権藤の社稷理念にちかい。岩佐はこういっていたのである。

「人類の社会生活は自然である。自由、平等、友愛はその基礎であり、源泉である。その社会生活の共同体である国をむしばみ、くいあらすものが国家である。国は国家にむしばまれ、くいあらされて荒涼、無残、修羅の巷化されている。されば人類の社会生活の本然の姿であるべき和親、協同、幸福、平和のものとするには、その寄生虫である国家をば廃棄し、国の上から払拭し去らねばならない。」（『革命断想』〈私家版〉、昭和三年、一七七頁）

邪悪のかぎりをつくす国家を排しても「国」は残る。国家はある歴史的段階において、人為的につくられたもので、社稷、「国」は非歴史的、超歴史的なもので、人類永遠の感情によって生成している。

## パトリオティズムとナショナリズム

これはパトリオティズムとナショナリズムの関係に似ている。前者はその地に土着して歴史を紡いできた人たちの内発的、自然的感情であり、人類の共通した永遠の感情である。それは郷土愛であり、愛郷心である。それにたいし後者は、ある歴史的起源をもっていて、政治的、人工的に作為されたものである。

しかし、両者の間には微妙な問題がある。つまり、ナショナリズムは自分の都合に合せてパトリオティズムをもてはやしたり、切り捨てたりする。この件に関して、橋川文三も次のような説明をしている。

要するに人間永遠の感情として非歴史的に実在するパトリオティズムは、ナショナリズムという特定の歴史的段階において形成された一定の政治的教義によって時として利用され、時として排除されるという関係におかれている。」(『ナショナリズム——その神話と論理』紀伊国屋書店、昭和四十三年、二一頁)

社稷は人間生存にとって絶対的なもので、この絶対的存在である社稷をないがしろにした場合、国家はどうなるか。強力な権力のもとに一般民衆は隷属的地位に置かれ、生活権そのものが奪われてゆくであろうと、権藤は次のようにいう。

「社稷を離れたる国家は、必ず吏権万能の国家にして、其民衆は権力者の奴隷となるのである、且つ民衆の生存すべき天子の物資は其アラユル階級的特権者に奪ひ去らるゝものである。乃ち多数民衆は其偽善的施与、護身的慈恵等不自然極まる恩義の重荷を負はねばならぬことになり、随て一般道徳が不自然なる標準を幻出する様になる。」(権藤、前掲書、二六四頁)

社稷なしに人間の生活はないにもかかわらず、そのことを忘れ、プロシア式国家主義を信仰し、またそれを採用してしまった明治国家の罪は重いと権藤はいう。

自然而治、社稷自治以外に人間の幸せはない。原始共産制を思わせる権藤の理想郷とは次のようなものであった。

「飲食、男女は人の常性なり、死亡貧苦は人の常艱なり、其性を遂げ其艱を去るは、皆自然の符なれば、勤めさるも之に赴き刑せざるも之を罷《ツト》め、居海に近き者は漁《スナドリ》し、居山に近き者は佃《カリ》し民自然にして治まる、古語に云ふ山福海利各天の分に従ふと、是の謂なり。」(同上書、七頁)

この権藤の社稷に注目し、これは無政府主義的色彩が濃く、日本的革命の武器になりうるという幻想が、一時、若者の間で取りざたされたことがある。それはこういうことであった。社稷の存在は国家権力を極限まで縮小させ、遂には権力と対峙し、やがて権力と決別するところまでゆくというものであった。

## 渡辺京二の権藤評価

こういう発想、動きにたいし、この権藤の社稷など、まったくそういう代物ではなく、絶対主義的王権を補完するもので、中央集権国家の採用する常套手段であるという人も現われる。渡辺京二はその一人であるが、彼は権藤の思想など、とるに足らないもので、彼の思想からいまさら学ぶものはなにもないと切り捨てる。

渡辺は次のようにいう。

「社稷とはけっして古代的遺制あるいはイデオロギーとしての『無政府社会』なのではない。それはアジア的専制権力の補完物であって、下級構造たる村落共同体の内部原理に干渉せずそれを『自治』にまかすような関係こそ、専制的国家の強力な権力の源泉だったのである。」(「権藤成卿における社稷と国家」『日本コミューン主義の系譜』葦書房、昭和五十五年、九〇〜九一頁)

この渡辺の発言はきわめて常識的なものではあるが、大切な発言である。社稷が天皇制ファシズムと通底したり、アジア的専制権力の補完物であるとの指摘は耳を傾けておかねばならないものである。

国家と対峙するものとしての社稷論を展開し、日本的革命原理の一つにと考えていた人たちにとって、この渡辺の権藤批判はかなり手痛いものであった。

この指摘は常にはずしてはならない地方と国家の問題であり、自治の問題である。反国家、反中央のように見える地方主義とか、自治主義というものが、実は巧妙な国家支持の細胞の役割をはたしたりする。日本の地方自治制の本質はむしろそういうところにあったともいえる。春風駘蕩のムラの自治が非政治的環境を装いつつ、実はムラにおけるムラ人たちの土着の精神を骨抜きにする非政治的生活圏の政治的利用という巧妙な国家的支配の手段となる場合は多い。社稷とか自然而治といったものの陥穽の一つがこういうところにあることは確認しておく必要がある。

しかし、だからといって、国家権力の支配の補完物が社稷の総体であると断定してはなるまい。農業国家が現実性を喪失しても、理念としての社稷、幻想としての社稷から取り出すことのできる衣食住と男女の関係は、時間を超えて、民衆自治の伝統として継承されている。

次のようにいう人もいる。

「社稷の原抽象に立ちもどって、いかにしても喰らい生きのびんとするにんげんの最終的な生きざまを想い視るとき、国家社会形態がいかに破壊され、また現象的にどんなに変転しようが、社稷の原理は連綿と生き続けているのではないか。そのしたたかなにんげんの営為を社稷と呼んでもいいのではないか。たとえ私の耳許に社稷の声がとどいてこないとしても社稷のいのちは生きているという想いを掌離したくない。敗戦直後、地を這い泥を喰いながらも生きのびたものがにんげんであるならば、ひとつの抽象がほかならぬ現実であるような社稷のいのちはいまもどこかに棲みついていると想うのだ。」(高堂敏治『村上一郎私考』白地社、昭和六十年、六一頁)

このことはなにもあえて強調するようなことでもない。人間誰しも、常に具象のなかにのみ生存しているわけではない。抽象が人間に与える強力と信頼を忘れてはならない。社稷の抽象的核心のところまで降りてゆけば、これがアジア的専制支配権力の補完物でしかないという見解がいかに相対的なものであるかがわかってくる。

村上一郎の次の言に注目しておきたい。

「大正維新・昭和維新の叫びはひとたび起ったけれども、社稷・天下のために、国に不忠であってもよいと信ずる者は稀であった。……（略）……第二次世界大戦の結果、国家形態・国家装置・国家様式といったものが、いかに破壊せられようが、いかに亡ぼうが、天下・社稷のいとなみは特攻帰りのヤミ屋のごとく、子を殺られた父の杣夫のごとく、悠々としてつづくのであることを正しく実証された。」（『草莽論』、三五頁）

「今や、日本の天下・社稷それ自体が、その悠久の歩みを喪い、現象面では外国化され本質的には衣食住ならびに生殖、争闘の道義を失い尽そうとしている。わたしらは、これら克服すべき当の母国を喪なおうとしているのである。」（同上書、三六頁）

首を切って自刃するまで、村上は抽象化された社稷に生命を賭す一人の草莽として生きてあったのである。

## 北一輝論

『北一輝論』の冒頭で、村上一郎はこんな問いを発している。

北一輝は文学を仕事としていたわけでもないのに、むしろ、そのこととは大きくかけ離れているにもかかわらず、彼に関する研究の優秀作品には、文学的資質をもった思想家のものが多いのはどういうわけかと。

村上は次のような理由をあげている。

「北の生涯と仕事とには、何か人間におけるどす黒いものが流れており、それが異様な抵抗感をもって人に迫る衝撃をもたらす事実なしには、人の文学的な気質に訴えかけることはあるまいと思われる。」（『北一輝論』角川書店、昭和五十一年、六頁）

科学や合理の筋だけでは理解できない人間の情動蠢く世界がある。ここは文学的、詩的センスがなければ接近不可能な領域である。

このようにいう村上自身がその資質を具備していたのである。

人は危機意識のことをいうが、客観的状況の危機を大声で叫ぶだけでは歴史はつくれない。北はその危機意識というものを、自分のなかにつくりながら生きてゆく人間であるから、彼は歴史をつくることができるのだという。

次の文章などは、村上個人のことでもあったように思う。

「人をねじふせ、己れをねじふせるバネは、往々にして人をも己れをもしたたかに咬み傷つける。言いわけを許さない思想の捨身が、さまざまな烙印を負い、己れをずたずたにして、無情に横たわらなければならない。だが、危機を危機として、ひとつの態度をとるとはこういうことでしかない。」（同上書、七頁）

北について何かを書こうとしても、自分の出る幕など、もう無いのではないかと村上は謙虚にいう。しかし、それでも自分はどうしても自分なりの北一輝論を書かねばならないのだともいう。書かねばならぬ衝動にかられるという。

村上の問題意識はどこにあるのか。北一輝の一生は多くの人が認識している通りで、大筋としてはそれを是とするという。

つまり、明治末に社会主義者として登場し、明治三十九年、二十三歳の若さで『国体論及び純正社会主義』という大著を世に問うた。しかし、これは自費出版すると同時に、あっという間に発禁となった。明治四十三年、幸徳秋水らの大逆事件により、日本の革命に絶望した北は中国に活路を見いだそうとして『支那革命外史』を大正五年に出版する。日本の中国侵略と反日本帝国主義運動とのはざまで苦悩し、やがて法華経に依存するという人生。最後の著書が昭和八年の『国家改造案原理大綱』である。これは、のちに一部削除され『日本改造法案大綱』として、昭和十二年に出版されている。

村上が注目した北一輝の思想について、いくつかの点にしぼって言及してみたいと思う。

まず、村上が注目したのは北の合理と非合理の関連という問題である。北は一方で、天皇教の立場をとることはしなかった。終始天皇機関説の立場を主張している。しかし、この合理性にたいし、法華経信仰に最終的には依存し、人生を閉じた。この両者の矛盾する要素の自己合一的関係をどのように理解すればいいのかという問題である。

村上はこの北の天皇機関説から法華経への転換を転向とは呼ばない。北の社会主義の基本的理念はなにも変っていないのだという。

北は転向しなかったのではなく、転向しようにも、できない内面的資質があったと、次のようにいう。

「とするなら最初から、彼（北）のラディカリズムを発起《ほっき》し理論化してゆく根本にミステイックなものが底在していたと思わねばならない。彼は合理から非合理へ奔《はし》ったのではなしに、彼の合理には当初から非合理が囲繞《いじょう》していたのである。」（同上書、一一三頁）

北は日露戦争後のポーツマス講和条約を不服とする日比谷焼打事件で噴出した民衆の強烈なエネルギーに注目した。この強烈な非合理的エネルギーを社会主義運動に結びつけることは不可能かと思案したのである。

久野収も、この点に関して次のようにのべている。

「若い彼（北）は、その前年（明治三十八年）九月六日、日露戦争の後始末、ポーツマス講和条約に反対する東京全市に及ぶ焼打事件にしめされた国民のエネルギーに深く感じたにちがいない。そして、このエネルギーを、どうすれば社会主義にむすびつけるかについて、真剣な思索―反動的エネルギーから変革的エネルギーをひき出す道―をかさね、到達した結論を『国体論及び純正社会主義』として世に問うにいたった。」（久野収・鶴見俊輔『現代日本の思想―その五つの渦』岩波書店、昭和三十一年、一四〇頁）

次に村上が力点を置いているものに恋闕《れんけつ》の精神がある。

「いうなら、自己のモラルというものが厚く堅持され、或いは少なくとも熱烈に志向されて、はじめて恋闕というこころはあり得るのだと、わたしは思っているのである。これは、ただに天下国家を論じ、肩をいからして横議する志士風な者だけが、特権的に保有する精神でもなければ、さりとてまた、都の手ぶりをはなやかなものに思いあこがれるといった感覚的、ムード的なものだけでもなかった。国民の国民としての自覚と一体になりつつ、かならずしも大義名分的な儒教的発想をとらず、歌うがごとく、

なげくがごとく、むせぶがごとく想うこころであった。」（村上、前掲書、五五〜五六頁）

これは国家のかたちや設備などにとらわれることなく、国の原質に向けてほとばしるこころであり、北の尊皇とは、強力を正義の神とするもののことであると村上はいう。村上はこうもいう。これは「獣王目醒《めざ》めたる憤怒」にちかいもので「憤怒は高潔なものでなくてはならず、どんな革命も、どんな社会主義も、何らかのモラルをもち、少くもモラルを志向する個人が集まってこそ、強められるのである。そしてそのさいモラルとは、道徳主義者のいう道徳とは千里の径庭をへだてて相対立するものなのである。思うに北のこころには、明治の後半においてすでに理解されにくくなった最後の恋闕家のそれがわだかまっていたのであると思う。」（同上書、五七頁）

この恋闕の精神は諫諍《かんそう》的態度とかかわっていて、諫諍的であるということは北が生涯にわたって、継続していたものだと村上はいう。

正義を貫き通そうとする直臣は相手が誰れであろうと、対等の人格をもって向きあっているという意識がなければならず、したがって、自分は国家の将来にも責任を持っているという覚悟が必要となる。

吉田松陰などは、この諫諍的態度を持ち合わせた人間で、いかなる人に要請されるわけでもなく、自分で国家を背負っているのである。極端にいえば、松陰自身が日本になりきっているのである。

北一輝の諫諍の思想の原型は、吉田松陰らの草莽のこころにあるとする。決意を固め二・二六事件に突入した青年将校たちと、北一輝の違いを村上は次のように説明している。

「そもそもの国事に対する自任という態度そのものの根底において、北と国軍の忠誠なる将校とでは違っていたのである。……（略）……二・二六事件の将校たちも、むろん国事のために立とうとした。しかし、その自任の仕方は、青年時代の北が維新の精神をもって己がこころとしたときに比べるならば、きわめてシニカルであり、自らをいたずらにいけにえとする風が強かった。」（同上書、六〇頁）

次に村上が注目するのは、北の国家を見る眼である。国家には表皮と骨格とがあって、それまでの革命などによって破壊されたのは国家の表皮であって、骨格の部分は破壊されていないという北の文章を引用し、次のようにいう。

「ここにいう『国家の骨格』というのは、西洋の社会科学者の言葉でいうなら、国家形態とか国家装置とかではなくて、生活体としての国、或いはネーションでなくてはなるまい。……（略）……北によって実在の人格と見られるのは国家の『骨格』そのものであって、その『表皮』ではない。実在の人格は『表皮』をもつけての人格ではあろうが、『人格』にとって本質的なのは『骨格』である。」（同上書、六四頁）

北はフランス革命に関連させて、国家がどのように変質し、極端な場合、死滅してもその骨格は生きのびるというが、そのことを日本人が実感として把握できたのは太平洋戦争が終結してからだと村上はいう。

ところで、北のこの国家の表皮と骨格という思想の根源はどこにあるのかと問いつつ村上は、その一つに社稷があるという。

村上のいう北の社稷観について、少し言及しておきたい。彼は農本主義者、権藤成卿の『自治民範』などによって、社稷を引き出している。

北は『国体論及び純正社会主義』のなかで、孟子を東洋のプラトンと呼び、多くをこの孟子に学べという。村上の言はこうである。

「ここで北のいっていることは、孟子の言をかりて、社稷を立てる道を説いているのであり、しかも、孟子が王侯に説いた理想、社稷を立てつらぬいてゆく道は、今日労働者階級のためにこそ説かねばならぬということである。」（同上書、六七頁）

村上が北を語る場合の一つの大きな特徴は農本主義との関連である。

北は社稷という言葉はあえて使用しないが、それはこのような古色蒼然とした言葉を使うと、自分の科学的立場が保てなくなると考えたからである。

しかし、権藤成卿や橘孝三郎らと発想は違うが、北にも深いところへ降りてゆけば、東洋的、社稷的なものに触れることになるのではないかと村上はいう。

村上は北を農本主義者の仲間に入れないが、吉本隆明は北を農本主義的ファシズムの象徴と呼んでいる。吉本の言を引用すればこうである。

「憎しみは資本制社会に、思想の幻想は天皇制に、というのが日本の大衆『ナショナリズム』があたえられた陥穽であった。さればこそ、農本主義的ファシズムは、北一輝にその象徴を見出されるように、資本制を排除して天皇制を生かす、というところにゆかざるを得なかったのである。政治革命としてみるかぎり、明治以降の日本革命をもっとも実現の近くにまで導いたのは、アナキズムや日本共産党に象徴されるスターリニズムではなく、北一輝に象徴される農本主義的ファシズムである。」(「日本のナショナリズム」『吉本隆明全著作集』(13)、勁草書房、昭和四十四年、二一八〜二一九頁)

村上は農本主義者、権藤や橘らと北の間に一線を引くのであるが、吉本はそうではない。村上は吉本の心情をこう推察している。たとえば、ある人物が農村嫌いで都会人となり、合理化や近代化を強く肯定していても、その人が皇室を敬い、稲ををろがむ天皇を肯定するとするならば、その人の根源的思想は農本主義であると。

村上の次の文章を引用して、この稿を一応閉じることにする。

「北はおそらく、やはり権藤成卿のような農本主義者よりは『進化』＝『進歩』的であった。革命者は停滞してはならず『進歩』的であるべきだと考えた。天皇機関説も、これはモダーンな考えであった。北のそれはブルジョア的なモダーンさとはいちじるしく違うが、近代的なラディカルを貫くものであり、保守的であることこそもっとも革命的なのだという農本主義的な考え方とは対立する。」（同上書、一〇三頁）



## 主要参考・引用文献

村上一郎『北一輝論』角川書店、昭和五十一年、『草莽論』大和書房、昭和四十四年
久野収・鶴見俊輔『現代日本の思想―その五つの渦』岩波書店、昭和三十一年
吉本隆明『吉本隆明全著作集』(13)、勁草書房、昭和四十四年
高堂敏治『村上一郎私考』白地社、昭和六十年
渡辺京二『日本コミューン主義の系譜』葦書房、昭和五十五年
久保隆『権藤成卿』ＪＣＡ出版、昭和五十六年

岩佐作太郎『革命断想』私家版、昭和三年
権藤成卿『自治民範』平凡社、昭和二年
橋川文三『ナショナリズム―その神話と論理』紀伊国屋書店、昭和四十三年
綱沢満昭『農本主義と天皇制』イザラ書房、昭和四十九年
滝沢誠『権藤成卿』ぺりかん社、平成八年
『磁場』〈臨時増刊〉国文社、昭和五十年五月
『北一輝著作集』(1)、(2)、(3)、みすず書房、昭和三十四年、昭和三十四年、昭和四十七年

# 竹久夢二と悲哀

## （二）弱者への眼差し

### 細井和喜蔵の「女工哀史」

竹久夢二が、繰り返し繰り返し想い出され、語られるという風景がある。それはなぜか。いろいろな理由があると思うが、そのひとつには、彼が日本を、日本人を問うているからだと思う。しかしその問いかたは陽の当っている日本や日本人ではなく、陰の、裏の日本であり、日本人であったように思う。

どんなに彼の描いた女性や子供が日本人離れしているように見えても、それは形を変えた日本人であって、その裏側からの接近であった。夢二はその時代の真の空気を見事に読んでいたといえよう。

私はここで奇妙な問いを発するかもしれない。それは細井和喜蔵という人の『女工哀史』（大正十四年）と竹久夢二の絵や詩との関係を問うということである。

この両者の関係を問うということは、夢二が『女工哀史』にもとづいて、絵を描き、詩を詠んだということを私がいおうとしているのではない。

私が思うのは細井が妻の援助を受けながら、調査報告した『女工哀史』の精神と夢二が絵や詩、短歌で表現しているものが、どこかで重なり、人間模様がかなり接近してはいないかということが気になるのである。

夢二の描く女性はなぜかくも哀しげなのであろうか。淋しく、頼りなく、きわめて不建康で、肺結核を病み、失意のどん底で喘ぎ、破滅の道をころげ落ちているような一面の姿と『女工哀史』に見る想像を絶するような非人間的強制労働のなかで呻吟する女性とが、私には重なるのである。

細井の『女工哀史』について少し言及しておきたい。本書の「第一、その梗概」で、細井は、世間というものは職業に貴賤なしといっているが、自分はそうは思わないと次のように断言している。

「政治家だとか学者だとかいってゐる連中は実に賤業である。さうして肥料くみや溝掃除こそ彼らに増して貴い職業ではないか？ 国家並に社会組織が如何にあらうと、戦争が悪いなら戦争の道具を作る者が貴い職業だとは言へない。また大勢の人間にたいして必要はないブルジョアの享楽品ばかり製造する者を誰が貴いとほめるだろう。……（略）……木綿の着物を織る女工と、無産者にはかいまみることさへ出来ないやうな大ブルジョアの部屋にでも飾られるところの彫物をする彫刻師とは、其処に雲泥の相違があらねばならん筈だ。」（『女工哀史』岩波書店、昭和二十九年、二一〇－二一一頁）

細井がどんなに「貴い職業」だと唄っても、現実にその「貴い職業」の若年女子労働者の置かれていた環境は筆舌に尽し難いものであった。

宣伝文句には、あたかも工場が楽園でもあるかのような美辞麗句が並べられてはいるが、現実の彼女たちの仕事内容とその処遇は、きわめて悲惨なもので、使用者側が一方的、勝手放題に酷使したものといえよう。

労働時間などルールがあってなきがごときもので、食事もおよそ人間らしきものではなく、給与も極端に薄いものであった。

細井はまず募集についてのべている。時期を三期にわけている。

第一期は、明治十年頃から日清戦争（明治二十七年－同二十八年）頃までで、この期を「無募集時代」と呼ぶ。この時期は文字通り、募集をしなくても人は集まった。人集めで苦労はなかった。

農村には子供の多い家庭が多く存在し、その家庭では一人でもいいから他人の飯を食ってくれれば助かるという状況があった。いわゆる「口べらし」的労働者が充満することとなり、その人たちの都市流出が社会現象としてあったのである。細井はこういう。

「其処へ恰度、給金は右から左へ支払ふ場から『働き手』を求めて行くのだから、家に居ても仕様のない娘たちを一つ返事で喜んで稼ぎに出したことは少しも無理なく想像される。」（同上書、五二頁）

仕事が嫌になれば、退社も本人の自由だし、手紙の没収などという暴力行為もなく、「あゝ！初期の女工は如何ばかり幸福に働き得たことか—。」（同上書、五三頁）といわれたという。

第二期は、日清戦争から日露戦争（明治三十七－同三十八年）の間である。資本主義の発達にともない、工場の数がふくれあがり、多くの労働者を必要とするにいたる。また、一度応募した人が郷里に帰って工場の惨状を訴えることにより、工場の諸々の実状が暴露される。こうなると漸次、募集が困難となる。こういう時期が第二期であった。

次のような実態が表面化してくるのである。

「肺結核を持って娘は戻った。娘はどうしたのか知らんと案じてゐるところへ、さながら幽霊のやうに蒼白くかつ痩せ衰へてヒョッコリ立ち帰って来る。彼女が出発する時には顔色も赧らかな健康さうな娘だったが、僅か三年の間に見る影もなく変り果てた。それでもまだ、兎も角生命を携へて再び帰郷する日のあったはいゝが、なかには全く一個の小包郵便となって戻るのさへあった。」（同上書、五四頁）

この期の特徴として、「強制的送金制度」、「年期制度」の実施があげられる。細井はこの時期を募集の「自由競争時代」と呼んでいる。

若年女子労働者の争奪が激しく繰り返されることになり、他社よりも労働者の関心を引くために、狡知にたけた策が考えられるようになる。

「私立小学校」の設立などはその最たるものであった。

わが社で教育も引き受けるから、年少者でもいいというものであった。

「一人前の女よりか子供をだまして使った方が、結局はるかに得なことになった。給料の廉い不平を言はぬ少女達を鞭打って酷き使はふと思ひつき、十歳にもなった少女は大威張り、八九歳からつれて来やうとする方法を執ったのである。」(同上書、五六頁)

第三期を細井は「募集地保全時代」と称している。

紡績工場の実状が、津々浦々に知れわたることになり、どんな姑息な手段を用いてでもこの女子労働者を集めようとする、いわゆる狡知をしぼる時期であった。

募集の方法には、「直接募集」と「嘱託募集」との二つがあった。前者は会社の人間が各地に出張して、直接募集にあたるもので、後者は募集のすべてを「募集人」と呼ばれる人に依頼するものである。

細井は、この「募集人」の悪辣さについて、こうのべている。

「此の『募集人』といふ奴は要するに女衒であって実に始末におへない者だ。彼は資本主義社会制度が資本家の手先なる彼に与へた邪道な権利と、自己の劣悪な人間性とを以て社会に怖るべき害毒を流しつゝあるのだ。…(略)… 募集人の多くは宛がら『嘘』から誕生したやうな人間で、もう有ること無いことを吹き散らし、嘘八百を並べ立て、

善良無垢な鄙人を瞞着するのである。」（同上書、五八―五九頁）

本書は、さらに、彼女たちの労働条件、虐使、また、工場の管理、監督、教育問題、彼女たちの心理、思想などにふれ、日本の近代における資本主義発達のかげにかくれた厳しい雇用制度のもとでの彼女たちの置かれた実態を赤裸々に語っている。

これは、まさしく近代産業としての繊維工業が地方の貧困に目をつけ、ここを惜しみなく、かつ巧妙に利用した、いわば、近代的搾取強化の一つであった。彼女たちの青春と生命を目茶苦茶にした、恐ろしい近代が確実に展開していった。

本書の「付録」として、細井は「女工小唄」をのせている。そのなかの「生る屍の譜」の一部を引いておこう。

わたしゃ女工よ春降る小雨
独りしょぼしょぼ音もなく
何時になったら晴れるやら
つきぬ涙で濡らす枕。
わたしゃ女工よ儚ない小鳥
羽根があっても飛べもせず
空が見えても籠のなか

羽交折られた小さな小鳥。

わたしゃ女工よ儚ない花よ
霜にいぢけた小さな蕾
春が来たとて咲けもせず
小さい小さい片つぼみ。

細井はこの書を階級史観などに立脚して書いているのではない。この仕事に従事する若き女性を「人類の母」と呼び、人間生存の基本的なものである「衣」、「食」、「住」の「衣」の領域をになうこの女性たちの大切さを唄いながら、その彼女たちの余りにも屈辱的な労働条件、非人間的扱いにたいし、これを人道主義的、ヒューマニズム的視点から指摘し、批判していったのである。

「結び」において、細井はつぎのようにのべている。

「去り乍ら人類が生きて行く上に於ては、復古主義者の言ふ如く凡てを昔へ戻して裸体で居らぬ限り衣服は絶対に必要欠くべからざるものである。さうすれば『糸ひき、紡ぎ、織る、編む』の労働は之をどうしても否定することが出来ない。実に人生は生きるがために死なねばならず、死ぬるがために生きねばならぬ一大ヂレンマである。

けれども生きるものは万人であって、死ぬるものは実に彼女ばかりだ。万人が生きるが為めには、彼女を犠牲にせねばならぬという法は断じてあり得ない。生きるが為めにはみんなで死なふ—。」(同上書、三四〇‐三四一頁)

また、次のような絶望的心情を吐露している。

「工場とは如何に衛生設備をよくしたとて、時間を短くしたとて、結局非衛生的で生命の消耗所であることを免れない。従って其処で働くことは決して面白からう筈がない。労働とは永遠に苦痛と嫌厭の連鎖である。某外人の言った如く実に工場は『緩慢なる殺人剤』でなくして寧ろ屠殺場なのである。」(同上書、三四一頁)

「屠殺場」とまでいいたくなるような、死と隣り合わせの日常を強いられていた若年女子労働者の将来がいかなるものであったかを想像することは、困難なことではない。彼女たちの青春は、いったいなんであったのか。清らかな真白い花も、いつの間にか、くすんだ存在となり、他人を疑い、嫉妬のかたまりのような人格が形成される。工場は「屠殺場」か「地獄」であり、そこにいる主任は鬼となる。

この低賃金と劣悪な環境のなかで呻吟する女子労働者にたいし、彼女たちを救済する手段は物理的にも、理論的にも皆無であった。

当時、社会主義の立場からの労働者の生活擁護への照射は未熟なものであり、彼女たちの日常的不満は激増しても、その不満を集め社会運動にまで高めてゆく状況は生れていない。くる日もくる日も、怒りと涙の絶望の渦があるばかりであった。さきにもふれたが、細井も空想的社会主義の域を超えてはいなかった。

大河内一男は『女工哀史』という作品を次のように評している。

「此処で、われわれは、近世初頭のユートピアンたちや、産業革命期の『空想的社会主義者』たちが原始蓄積の害悪や工場制度の悲惨を眼の前にして、たちまち将来の階級的利害の対立のない理想社会や『義務労働』や生活の共同化や生産設備の『国有』、共有を主張したのを想起しないだろうか。…(略)…労働状態の改善への唯一の道は、現状に対してヒューマニストとしての公憤を吐露することゝ、労働秩序の在るべき理想を掲げることだけに限られるようになる。本書『女工哀史』もまたそうした性格をもっている。」(同上書、三六二－三六三頁)

竹久夢二は昭和九年、五十一歳の若さで他界するが、終生、日本の資本主義の発達の犠牲になった、弱者の側に立つ視点を失うことはなかった。

富者、支配者、強者の風刺画はあっても、夢二は彼らを讃美したり、強者の側に立つことはなかった。どんなに耽美的に見えようとも、その裏には、庶民の暗く、淋しく、

悲しげな容姿がかくされている

反戦的意味を強烈ににおわせるものもある。社会主義関係の新聞などに、さし絵や短歌ものせている。

## 夢二と荒畑寒村

明治三十八年四月、夢二は早稲田実業学校を卒業して、専攻科に籍を置くが、この頃、平民社の岡英一郎、荒畑寒村と雑司ヶ谷で自炊生活をしている。岡から夢二はマルクスやエンゲルスについて学んだといわれている。

若き日の夢二がマルクス主義者とはいえないが、社会主義的人間であったことは、多くの人が認めている。

白衣の骸骨とその側で泣いている女というコマ絵が『直言』二巻第二〇号（明治三十八年六月十八日）に掲載されている。戦争に勝利しても、その陰で泣いている庶民の姿を描いている。勝利の悲哀というものであろう。

こんなこともあって、夢二を社会主義や反戦思想の若き画家として、期待していた人たちもかなりいた。

同居していた荒畑寒村は、当時の夢二について、こう評している。

「竹久夢二が往年の社会主義青年であったといったら、きっと驚く人があるに違いないと思うが、彼もまた平民社の常連の一人であったのだ。そればかりでなく、帰京した私をしばらく寄食させたのも実に彼であった。当時、竹久は岡英一郎君と二人で小石川雑司ヶ谷の鬼子母神社に近い一農家に間借して、自炊《じすい》生活を営んでいた。…（略）…三人は水とパンだけで過す日の多い生活をも意に介《かい》せず、社会主義実現の空想に耽《ふけ》って奔放《ほんぽう》な議論をたたかわせていた。…（略）…ある日、彼は厚い自筆の習作画帳を私に示して、この中の適当なものを『直言』の誌上に発表してもらえまいかと相談した。…（略）…『直言』第二十号（六・一八）に掲《かか》げられた、赤十字のマークのついた白衣の骸骨《がいこつ》と並んで丸髷《まるまげ》の若い女が泣いている挿絵《さしえ》が、夢二の作の世に出た最初であろうと思う。」（『寒村自伝』上巻、岩波書店、昭和五十年、一五〇－一五一頁）

このあと、寒村は、絵が売れるようになった夢二は、次第に昔のことは忘れていったといっている。

寒村のいう夢二の社会主義者としての評価も、名前が売れるにつれての社会主義の忘却も、いずれも夢二の本心とは少し違うように私には思える。

夢二が社会主義の片鱗にふれたことはあったとしても、彼が本格的社会主義思想の持主であったとも思えないし、その運動に本格的に参加したこともないと思う。

彼はそういう世界に生きたのではなく、日本の近代化の犠牲になり、屈辱的日常を強いられている民衆の姿と共に生きたのである。表現の角度は違っていても、貧困と孤独と暗さの表情が、彼の心の中から消えることはなかった。

今も信じられないが、さりとて将来に明るい展望があるわけでもない。彼や彼女は、ただうちひしがれて遠い空か海を見るしかないではないか。

細井和喜蔵が若年女子労働者の現実をつぶさに見て、彼女たちに限りない同情を寄せたのと同じように、夢二も理不尽な社会の矛盾のなかで呻吟する人たちにたいし、熱い涙を落したのである。

絵筆を捨てて、ゴルキーの手をとろうとするが、自分にはその力がないことを告白する。絵で革命をおこせるわけがない。そういう意味でいえば、芸術は現実を変革するには無力である。しかし夢二はそれでいいという信念をもっていた。政治と芸術では果すべき役割が違うことを主張している。

絵を描き、詩や歌を書いて生きる、少しも強くない市井の一人であった。ただ、運動にはかかわらなかったが、反社会主義や反マルクス主義を唱え、ファシズムへの協力や支援などを夢二が選択することはなかった。それどころか、ナチによるユダヤ人攻撃にたいし強い憤りを覚え、ユダヤ人たちの住む土地はないかとまでいっている。

## 秋山清の夢二評価

秋山清は、夢二の絵と細井の『女工哀史』との関係を次のようにのべている。

「風呂敷包を抱え、公園のベンチによって、今日の夕暮のそらを見ている。きわめて貧しく、不健康に痩せた女姿、その夢二描くところの女と、私が『女工哀史』にむすびつけたのは、まず夢二の女への関心の底に、階級的な同調の思いの漂っていること、家出人の娘たちが大正の都会の話題となったこと、さらに細井和喜蔵の調査報告『女工哀史』の、横山源之助の報告以後の近代工業化し、工場設備としてすすみながら、なお籠の鳥でしかない女工の身分が厳として、合法的雇用手続を表面としながら、内実が明治のものとかわらなかった『女工哀史』の実さいとかかわるところからである。」(『郷愁論―竹久夢二の世界』青林堂、昭和四十六年、八八－八九頁)

極貧家庭の多いムラから、紡績、製糸業の仕事のため流出した労働者は、その厳しい労働条件のなかでも、耐え、血を吐きながらも、そこから逃げることは至難のわざであった。逃げたところで、どこへ行けるのか。帰ることを温かく迎えてくれる故郷も多くはない。丘の上から故郷の夕暮れの空を見るしかないではないか。空の彼方に幸いでも住んでいるのであろうか。彼女たちを待ち受けているものは、この先、貧困と悲哀と病いしかない。

もともと純情で、また幼ない女の子が、二、三年で顔が青ざめ、やせ細り、咳をする人間に変りはてるのである。

夢二の周辺には、健康で、笑顔をたやさない明るい女性はいなかったのか。そうではあるまい。ただ夢二はそういう女性に関心をしめしていない。失意のどん底で、喘ぎながら生きる人間の姿に自然と傾斜していったのである。

『女工哀史』に登場するような女性のみを選んだのではないが、夢二には、もともと体質的に弱者と共に歩み、同衾したいという心情、習性があった。逆にいうと、強者にたいする嫌悪感、侮蔑感があった。

日本の近代は富国強兵策を目標にかかげ、新しい国民国家形成に総力を傾注した。ヨーロッパ列強と比較するとき、遅れてスタートした日本は、それらの国々に追いつき、追い抜くことを至上命令とし、その方向にばく進した。その際、精神の支柱になったのは強者の論理であった。

強者の論理こそ、すべてに優先する行動の原理であった。この基本的なものは、太平洋戦争終結まで、否、今日もまだ根底には残滓として存在する。

特に男は強くなければならなかった。少年は成長したら、強力な軍人となり、天皇のために手柄をたて、散華してゆくことを誇りとしなければならなかったのである。

男児への教育というものは、つねに天下国家を論じ、また、それにふさわしい仕事に従事せよというものでなければならなかった。文学や芸術ごときは、女々しい者がするものであった。「大志」を抱き、いかなる状況下であっても、それに耐えぬき、お国のために、天皇のために忠誠を誓う、泣かない人間の育成が男児教育の根本であった。

夢二は生涯、女性に助けを求め、やすらぎを求め、生命の湧出を期待していった。「たまき」、「彦乃」、「お葉」などの女性を通じて、夢二は母への回帰を遂げようとしたのである。

夢二は男性原理という偽善的強者の道を選択することは、本能的にできなかったのであろう。

## 強者の論理に対峙する「めめしさ」

彼は、すぐ悲しみ、泣き、弱音を吐き、淋しいことを連発してやまない生き方を主義とした。女々しい男であったのである。

少年は少年らしく、学業に専念し、一流企業人となり、結婚し、家をなして、国のために役立つ子や孫を育て、天皇制国家のために生命を投げ打つような真面目で強力な男に夢二はなれなかった。

森本哲郎は次のようなことをいっている。

「明治を支配した男性原理は、強力な価値観をつくりだした。たとえば、男は泣くもんじゃない、という意識である。だから文学などというものは男子一生の仕事に値しない、というわけである。小説だの詩だのというのは、それこそ『女、子供』を愉《たの》しませるにすぎないというのが明治の一般的風潮だった。…（略）…竹久夢二は、そのような男性原理の、まさしくアンチ・テーゼであった。だからこそ、『女、子供』にもてはやされたのである。…（略）…むろん、夢二の世界をこよなく愛した男たちもたくさんいたことだろう。だが、自分は夢二が好きだ、とはなかなか言えなかったのではあるまいか。夢二の世界に共感することは女々しいことなのであり、恥ずかしいことだったにちがいないから。」（『夢二の小径』講談社、昭和五十一年、三八―三九頁）

少年が男らしさを演じたり、それがあたかも大和民族の固有の美であるかのような偽善的強者の論理が横行したのである。男らしさがあらゆるところで正当化され、美化され、逆に女々しきことはことのほか排除され、抹殺されていった。夢二のような人物は、取るに足らない男性像であった。

強者の論理が、絵画の世界で、徹底された好例として、ドイツのヒットラーの支配下にあったナチスの策がある。ヒットラーは、周知のように、若いとき、画家志望であったが、挫折した。その経験もあってか、芸術の力は熟知していた。「血と大地」を理想にかかげ、筋骨たくましい肉体の美と、それに裏づけされた健全な精神を歓迎し、野蛮で、異常で狂気に充ちたもの、そして脆弱で、青ざめ、不健康なものは、「頽廃的芸術」と呼んで、抹殺した。

ドイツのモダーン・アートは、ナチスにとっては、国辱以外のなにものでもなかった。昭和十三年七月十八日、ミュンヘンにおいて、ヒットラーが絶賛してやまない「大ドイツ芸術展」が開かれ、その次の日からナチスが徹底的に嫌い、否定する「頽廃芸術展」が開催されたのである。同時開催として、「大ドイツ芸術展」の偉大さを顕示するところにその目的があった。

ナチスの激賞してやまないものは、「血と大地」を根本に置き、完全無欠の肉体と精神がすべてに優先する。黒人、ユダヤ人、未開人、狂人が排除された。

夢二の女々しい女絵など、ナチスによれば、頽廃の極地として一瞬にして抹殺されたであろう。

神に従うという意味で、「まつろう」という言葉があるが、天皇制国家に強力な男子として忠誠を誓う生き方が、「まつろう」者の生き方だとすれば、夢二は「まつろわぬ」者の代表であったかもしれぬ。

世間が夢二に、なにを期待したかは別にどうでもいいことであるが、彼はいわゆる国家がつくった人の道を、ふみはずし、自由奔放に、思いのまま、自分を生きたのである。壮絶な生き方であったかもしれない。結果として、世間の常識からは大きくはずれ、権力に迎合する道とは逆の道を選択することになった。

数奇な運命をたどった夢二は、世にいう安定性というものに座したことがない。その土地に定着し、家をなし、子をなすという生活から遠いところに彼はいた。旅人であり、漂泊者であった。

漂泊者は、ある一つの土地や国家がつくる道徳や倫理を知りもしないが、従うこともない。国家の隆盛などは夢二にとって、どうでもいいことであった。

夢二にも時代の寵児の時期もあった。あったにもかかわらず、いつも彼にはうつむいて物思いに沈んでいるような暗さがまとわりついている。描く人間も、腹の底から笑っているようなものはない。

童話作家の、あの宮沢賢治も笑わない。いつもうつむいている。寒冷地ゆえの凶作と飢え、土地制度の矛盾による搾取という現実のなかで呻吟する東北農村の重苦しい歴史を知っていた賢治には、この歴史と無縁で生きることはできなかった。

寒風は賢治の肌を鋭く刺した。真暗で、大きなものとの闘いのなかで、笑顔が生れるわけがない。

賢治もそうであったが、夢二にも笑いを生み出す土壌はなかった。

男性中心の原理が嵐のように吹き荒れる世の中で、夢二が生きぬく道はただ一つだったと思う。それは狂者になって生きることであった。彼のように政治活動に身を置かず、反権力、反体制のなかで、自分を主張して生きる道は、それしかなかったであろう。

夢二はこちらに背を向けて歩いていたのかもしれない。男女が二人並んでいても、うしろむきの方が、さまになっている。その二人は、こちらに背を向けて、はるか彼方を茫然と見ている。

ドイツの詩人、カール・ブッセの唄う、〝山のあなたの空遠く、さいわい棲むと人のいう〟のように、はるか彼方に幸せが住んでいるのであろうか。夢二は、幸せを常にもとめつづけた。幸せがあろうとなかろうと、もとめたのである。

種田山頭火や尾崎放哉ほどではないにしても、夢二も漂泊者であり、放浪者であり、旅人であった。定着地を避け、いつも逃げるようにして、辿り着くのは、気持ちよく泣けるところであった。

いつも悲しい目をして、町のどこかに、あるいはムラのどこかに腰かけている女性の姿もある。失意の表情が色濃く出ている。

女々しく生きるということは、たしかに、上昇志向の近代日本の意識からすれば、どうにもならない、価値のない存在ということになる。

しかし、国家的人間になることを、男子の本懐とする風潮に抗して生きぬくということは、女々しくあったとしても、それは夢二にして、はじめて可能な、しかも強力な生き方であった。

男らしく生きること、強者の論理が極端なナショナリズムを生み、ファシズムの温床になったという事実を考えるとき、女々しくあった夢二の精神は、そのようなものとは結びつかないという輝かしい歴史をきざんだともいえる。ナチスを批判し、ユダヤ人にかぎりない同情を寄せる夢二の精神は、女々しさから生れてくるものであった。

## まつろわぬ者として

竹久夢二は思想家ではない。しかし、思想家でないからといって、思想を語っていないということではない。権力に迎合するも、反逆するも、思想を語るのは思想家だけの特権ではなかろう。

夢二の生涯は五十年にも満たないものであったが、彼の絵や詩のなかに貫かれていたものはなんであったのか。それを私は、反権力というか、反体制というか、いわゆる常識ではくくれないものであったように思う。

夢二は自分が先頭に立って、赤裸々な政治運動などはしていない。

それでも権力やその体制に従順に生きる者を、「まつろう」者というならば、夢二の一生は「まつろわぬ」者の一生であったように私には思える。

天皇制国家の細胞である水田稲作を中心とする村落共同体に定着し、そこに敷設されたルールに則って生きる生き方が正常だとすれば、夢二のような漂泊的、放浪的人生は異常ということになる。

天皇制国家の住人としては、夢二のような人生はふさわしくないのである。

あるときから、稲作に従事する人間が日本人となり、それ以外の人間は支配者は別として、日本から排除されるか、排除されないまでも村落共同体の片隅で小さくなって生きてゆくしかなかった。

この稲作を核とする体制を長期にわたって、維持していくために、また衰弱していく権力を復活させ強化していくために、権力は負の「力」、つまり「まつろわぬ」者の存在を必要とした。鬼の存在であり、異端者の存在である。

この異端者、鬼の一つとして鉄生産者があった。鉄生産を生業とする集団にたいし、権力者は羨望と恐怖を抱き、懐柔と弾圧を日常とした。稲作の拡大、つまり国家の安定という美名のもとに、鉄の収集を行い、鉄生産の技術を持った集団を次々と攻撃していった。

権力に従わない鉄生産者は、鬼といわれ、異端者といわれ、権力体制の外にいて、反逆の意欲に燃え、抵抗しつつ命をつないでいたのである。

夢二も反逆の情念を強くもちつつ、深く静かに潜行していて、絵を描き、詩を書いていたように私には思える。

明治三十四年夏のことである。夢二は意を決して、父親の反対にもかかわらず、上京し、早稲田実業に入学する。この早稲田実業はかならずしも夢二の希望するところのものではなかったが、父親との妥協の産物である。学費は父親がなんとかしてくれたが、充分ではなく、新聞配達や牛乳配達などをして生計をたてていた。前述したが、雑司ヶ谷鬼子母神の近くで農家を借り、平民社の岡栄次郎と自炊生活をする。そこへ荒畑寒村が加わり、三人で貧困に耐えながら、青春の夢を語りあった。夢二は岡からマルクス、エンゲルスを学んだ。当時一つの流行でもあった社会主義思想に夢二も興味を示したのである。

寒村は夢二のことを社会主義者と呼び、平民社の常連の一人であったという。寒村は、ある日、夢二に自分の描いたコマ絵を平民社の機関誌「直言」に掲載してくれないかと頼まれる。

寒村の絵心がどの程度のものであったかは別として、そのときの模様を彼は次のようにのべている。

「見ると、絵はまだうまいとはいえないがその反戦的な寓意を面白く感じたので、私は堺先生にその発表を依頼して快諾を得た。『直言』第二〇号〔六・一八〕に掲げられた、赤十字のマークのついた白衣の骸骨と並んで丸髷の若い女が泣いている挿絵が、夢二の作の世に出た最初であったろうと思う。その後、彼の絵は明治四〇年の『日刊平民』までひきつづき発表され、夢二の名はようやく世に認められるようになったのであるが、彼は成功につれて昔のことなどは、都合よく忘れてしまった。」(『寒村自伝』上巻、岩波書店、昭和五十年、一五一頁)

## 夢二と社会主義

日本共産党創立にかかわり、日本の社会主義運動史上、重要な役割を果してきた寒村が、夢二は社会主義者だったといっているのである。寒村が根も葉もないことをいっているのではなかろう。一時的にしろ寝食を共にした仲間としての感触だったのであろうか。夢二の心情を評価してのことだったと思う。

そのように思っていた寒村が、夢二をつき離すようなことをいう。絵が売れるようになり、人気がでてくると、自分が世話をしてやった恩など忘れて逃亡、転向したといいたげである。この寒村の夢二評価はどうか。

夢二は社会主義を捨てたのではない。はじめから彼は社会主義者ではない。社会主義的人間、社会主義に夢をつないだ人間ではあったかもしれないが、本格的社会主義者ではない。絵を描き、詩を書いて、それをして心情を吐露できればよかったのである。

「都合よく忘れてしまった」という寒村の発言は少し乱暴である。

たしかに、当時、社会主義は知識人や学生たちにとっては、きわめて崇高にして、日本的近代の知の結集したもののように受けとめられていた。この社会主義を信奉し、それに加担することは、なにか背中に大きな力の支援を獲得したように感じられ、新時代を創造していく方向に一歩近づいたような夢を持つことができたのである。

夢二が社会主義に関心を寄せたとて、なんの不思議もない。寒村がいうように社会主義を夢二が観念のうえで、忘れたということを是認したとしても、彼が描くその後の女性の姿をはじめとする諸々の絵は、社会主義がけっして無視してはならないものが多かった。

この問題に関して、私は秋山清の次の発言に注目したいと思う。

「夢二はたしかに、一時熱心に近づいていた社会主義からはなれていったとはいえるだろう。だが、明治から大正への日本の、いわゆる大衆社会状況へと趨勢するその下に、乏しい者たちが離村向都に流れゆく姿を、その人々にもっとも親しい感情に立って描き、描くことによって、下降をいそぐ日本の民衆の生活的な憂愁を表現しつづけた夢二にとって、若い日の友人寒村から『成功につれて昔のことを都合よく忘れた』といわれたように、その転向は責められるべきほどのものであっただろうか。」(『竹久夢二』紀伊國屋書店、平成六年、一二九頁)

このことをもって、夢二の転向というのもどうかと思うが、夢二はなにも方向さえも変えてはいない。権力に抗する姿勢を彼は持ち続けていたのである。

この世で常に虐待され、貧困を余儀なくされて、絶望しかない日常を過ごしている民衆の生活そのものへの共感が夢二の胸中にはあった。

極端にいえば、彼にとって、社会主義や共産主義はどうでもよかったのである。マルクスでもレーニンでもエンゲルスでもよかった。要するに、人間の自由な発想、自由な生き方、それを邪魔するものへの嫌悪が強かったのである。根っからのユートピアンであった。ユートピアンには精神の幼児性願望が強くある。あらゆるものからの自由と解放を希求する。

秋山は次のようにのべているが、うべないたい。

「夢二は厳密には社会主義者ではなく、社会主義的ユートピアンであり、山の彼方にはるか自由と幸福を望み止まぬ憧れの詩人であったのだ。そして社会主義にも共産主義にも、その中での規制には従いたくない、いっそう不屈なものが、彼を支えていたようである。転向者どころではない、また『成功につれて昔のことを都合よく忘れてしまった』のでもない。むしろそれを忘れられない思いが夢二の生涯につきまとっている。自由なもの、うつくしいものを夢みつつ一すじに生きることを念じた夢二であったと私は思う。」(同上書、一三九頁)

体制的であろうとなかろうと、夢二は一切の拘束を嫌った。そういう意味では彼はアナーキストにちかい。口先で立派なことをいいながら、民衆の心情をなにひとつつかみえないような社会運動家を、夢二は心中では許さない。

強者、支配者に夢二はとんと興味を示さない。弱者、敗残者の不安定のなかに美をのぞきこもうとしているかのようである。

夢二はとにかく安定性を好まない。好まないというより、そうなってしまうのである。多勢のなかにいるときでも、夢二は一人淋しく、悄然としているようなところがある。彼の置かれた家庭環境は、けっして安定したものではなかった。家にたいする激しい闘いというものが夢二のなかにあったとは思えないが、しかし、近代日本の知識人が直面する家と個人の問題は、彼の場合もなくはなかった。

橋川文三は近代日本の知識人たちが直面した家と個人の問題を次のように指摘している。

「近代日本の知識人の思想的性格と日本特有の家族制度（家制度とよばれる）の関係をいうとき、すぐに思い浮かぶことがらの一つは、日本近代の知識人の思想の歴史が、いわば家からの解放を求めるさんたんたる抗争の歴史であったという印象であろう。たとえばある『めざめた個人』が家制度とそれに支えられた世間の見る眼に抗して自己を主張し、そこから生じる親と子の争い、両者それぞれの苦悩、子供の側の叛逆と家からの逃亡、その試みの挫折とその後の和解、などという経路をたどるのは一つの定型のようなものであったが、近代日本の文学史を思い浮べるだけでも、いかにこのテーマが大きな比重を占めているかはすぐに思い当ることである。」（『標的周辺』弓立社、昭和五十二年、一三七〜一三八頁）

ここで橋川がのべているように、家と個人の確執は近代日本が抱えざるをえなかった一つの大きな社会的テーマであった。

## 夢二と故郷

夢二には家との決定的確執があったわけではない。むしろ、母や姉には可愛がられていた。しかし、夢二の志に関するかぎり、家（父）はやはり重たい存在であった。夢二は岡山県の邑久郡本庄村字本庄に生れた。明治十七年のことである。父菊蔵、母也須野の次男として生れている。長男は夢二の生れる前に他界している。姉に松香、夢二生誕の六年後に妹栄が誕生している。夢二にとって、家のなかでとてつもない大きな存在は、母と姉であった。次のような句がある。

「泣く時はよき母ありき　遊ぶ時はよき姉ありき　七つのころよ」（この句の石碑は夢二郷土美術館分館

少年山荘から生家に通じる公園内にある夢二の歌碑

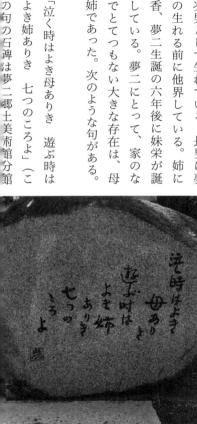

の小公園内にある）。

明治二十八年、地元の明徳小学校を卒業し、明治三十二年には、邑久高等小学校を卒業、中学は神戸の叔父の家から神戸中学に通う。わずか八カ月で退学し、故郷に帰っている。この入学、退学は明治三十二年のことであるが、次の年の一月には、一家で福岡県遠賀郡八幡村大字枝光に転居している。青江舜二郎はこう書いている。

「正富汪洋は『突如一家がいなくなった』と書いているが、こうしたあわただしい出発は、方々からの不義理な借金の始末に困ったためのいわば〝夜逃げ〟と想像される。落ちゆく先は九州八幡枝光、最近新しく製鉄所ができやがて大きな町になるという噂。よし、そこで一旗上げてやろうという菊蔵の気負いであった。家族の者は涙ながらに家財道具もろとも舟に乗り、妙見川から千町川に出る。」（『竹久夢二』中央公論社、昭和六十年、三八頁）

夢二と家、そして故郷という問題を考えるとき、そのかかわりあいは決して幸福なものではなかった。

夢二は生涯、家庭らしきものを持つことはなかった。いわば漂泊の人生であり、放浪の人生であった。

明治四十年、夢二は岸たまきと結婚する。二十四歳のときである。しかし、四十二年に協議離婚、翌年四十三年にたまきと再び同棲する。四十五年に二人は別居。大正四年、たまきと別れ、笠井彦乃と結ばれる。熱烈な恋をし、二人は結ばれるが、彦乃の父親の激しい怒りで二人は引き裂かれる。彼女と結ばれていた期間は短く、大正九年に彦乃は二十五歳で他界。次はお葉ということになる。

夢二の故郷観に少しふれておこう。

遠く離れていても、いつでもその故郷には、父や母や祖父母がいて、親類縁者がいて、竹馬の友がいる。いつ帰っても、温かく迎えてくれるものが、一般通念としての故郷というものである。

夢二にとって故郷は、生涯忘れることのできないほどのもので、それが彼の全仕事、創造の源であった。この邑久郡本庄村の自然、気候の穏やかさが、多くの人の精神をいやす作品となったという人がいるが、私はそうは思わない。

憎悪の対象であろうと、なつかしさのそれであろうと、故郷における幼少年期の生活体験というものが、その人の思想と行動の基になることはいうまでもない。

故郷に抱く思いは複雑にして微妙である。同じ「なつかしい」という表現のなかにも、その生活体験のなかから、にじみでるそれぞれの思いが含まれている。志を抱いて郷関を出た人もいれば、住みたくても住めない事情があって、そこを捨てざるをえなかった人もいる。追放された人もいよう。人それぞれ複雑な想念がからみあっているのである。

夢二の郷土への思いのただに粘着性にないように思える。ムラのなかにおける様々な行事のなかで、村人たちとの甘い交歓に酔いしれることもなく、かといって憎悪の念を燃やしたというものでもなかったように思う。

民俗学者の柳田国男が、普通の人の故郷と自分のそれとはかなり違ったものだといったことがある。柳田の家（松岡家）は兵庫県神東郡田原村辻川の土地持ちの定住農民ではなく、また、彼も次々と住む場所を変え、半漂泊民のような状態であったところから、故郷への思いが、そのムラの構成員の一人としてのものではなかった。そのムラに住みながら異邦人的立場に立っていた。たまに帰っても、山川草木だけが柳田の故郷になっていた。

だからといって、柳田は故郷に敵意を抱いたり、憎悪の念を持っていたとは思われない。どっぷりと土着していなかったがゆえに、逆に明治の人間としては、珍しく狭い閉鎖的なムラ意識から解放されていた。郷土への土着意識が希薄だったため、そのことが

竹久夢二の生家。夢二は 16 歳までこの家で暮らした。

直接、民俗の発見へとつながり、日本全体を擬似故郷にすることができたように思う。

安永寿延は柳田の故郷について次のような思いをのべている。

「彼（柳田）にとって故郷は、少年の時に去った母親の面影に似たものであり、その生涯は、追憶のヴェイルの奥にかそけし秘められた亡き母の面影を現し身の女性の間に求める男のさすらいに似たものがあった。事実、『雪国の春』や『豆の葉と太陽』に見られる、滅びゆくものへのかぎりなき愛惜の情をこめた美しい漂泊のリリシズムが、あるいは柳田に先行し、あるいは常にそれと並行していた。」（『伝承の論理』未来社、昭和四十年、二九九頁）

柳田は故郷を幻想のなかで追った。故郷喪失者の感情は、郷土への思いを幻想化し、拡大し、故郷よりもはるかに大きなもの、つまり民族や国家に向って突きすすむ。日本列島全体が柳田の故郷になった。

夢二の故郷観も、柳田のそれに似ているように私には思える。故郷への思いはあったに違いないが、それに執着するところもないし、交歓に酔いしれることもない。

夢二は人間生存の本源的なものに忠実に生きたのである。表皮で構築された現実世界の道徳や倫理を彼は虚偽のものとみている。

漂泊的人生を支えている核は、自由と解放というものである。自分の周辺に存在するもらゆるものに拘束されることなく、自分の情感に没頭し、はかなく消えゆく死の確実性だけを知る。

絵画においても、詩においても、彼は描きたいもの、書きたいものに執着した。そのことによって、夢二の自由は極度に自分の魂までもすりへらし、純粋のなかに生死をかけたのである。

したがって、日本の美術史という世界のなかで、正統からははずれていた。森口多里は次のようにのべている。

「竹久君はタブローでは名を成さなかった。タブローに対象を写し出すという苦労から解放されたところに個性の自由形成の道を見つけ出したのが、竹久君の草書的な芸術であった。したがってタブロー本位の展覧会にも楷書本位の日本洋画史にも、竹久君は遂に無縁の存在であった。それでよかったのである。竹久君の個性は、つまりは東京という都会に住んでいた田舎者の個性であった。若しも竹久君が、その頃東京に多かった所謂江戸ッ子がった通人気風に染まっていたなら、あの独自の情緒を画中の人物に与えることができなかったろうと思われる。」(「美術史の中の夢二」『竹久夢二』長田幹雄編、昭森社、昭和五十年、八三〜八四頁)

夢二の歩んだ道は、王道でもなければ、常識的な道でもなかった。国家統治の世界から自由になる道であった。彼はそれを自然体として行っているようにみえるが、実は死にものぐるいであった。彼の生きる根底のところには、反国家、反権力、反近代文明の感情がある。

## （二）関東大震災直後の夢二の眼

### 関東大震災と夢二

大正十二年九月一日に発生した関東大震災の直後に、夢二は東京の町をスケッチして歩いている。この震災による阿鼻地獄のような惨状を彼は「都新聞」に「東京災難畫信」という見出しで連載している。

大正十二年九月十四日より、同年十月八日まで、二十一回にわたっている。私たちは、この「東京災難畫信」（以下「画信」と書く）の絵と文章のなかに、夢二の思想の核になるものを覗きみることができる。

最初の大正十二年九月十四日の「画信」からみておこう。大正文化の象徴ともいうべき銀座が一瞬にして焦土と化した。

竹久夢二「東京災難畫信」展集』
竹久みなみ監修）

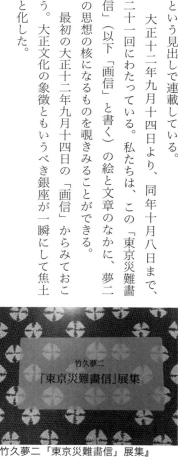

「大自然の意図を誰が知ってゐたらう。自然は文化を一朝一揺りにして一瞬にして太古を取返した。路行く人は裸體《たい》の上に、僅に一枚の布を纏《まと》ってゐ《い》るに過ぎない。何を言ふ《う》べきかも知らず、黙々として、ただ左側をそろそろと歩いてゆく。命だけ持った人、破れた鍋をさげた女、子供を負った母、老婆を車にのせた子、何處《こ》から何處へゆくのか知らない。ただ慌しく黙々として歩いてゆく。おそらく彼等自身も、何処へゆけば好いのか知らないのであら《ろ》う。」（「都新聞」大正十二年九月十四日）

近代文明のすべてを集結したかのような、花の東京、その中心となっていた模範都市、銀座の風景が一瞬にして崩壊したのである。この様子を夢二は描いているのである。

『竹久夢二「東京災難畫信」展集』p.9

自然の暴力にたいし、宗教、政治、科学を含む人間の知というものが、いかに脆弱で、頼りないものかということを彼は指摘している。ここで、同じような体験をした岡倉天心を引きあいに出しておきたい。

岡倉天心は、明治二十六年七月から十二月、中国への旅をした。中国にはじめており立ったのはこの年の八月三日のことである。七年前のヨーロッパ遊行と違い、天心が発見したものは人間のいかなる営みをも圧倒し、それらを完全に支配する自然風土の巨大な力であった。それがどんなに長期にわたって人間の精神を支えてきたものであったとしても、それが人工物であるかぎり、自然の猛威は一瞬にして、それらを破壊し、押し流す。そういう光景を天心はみた。自然を対象化し、支配し、破壊する人間を主体とするヨーロッパ的ヒューマニズムの合理主義など、吹けばとぶようなものとの認識を天心は持った。

自然が「一瞬にして、太古を取返した」という表現は、もっとも夢二らしいものである。近代的人間知の弱さを人間はどうやってカバーするか。神や仏に依拠するしかないのである。

飯を保障しない憲法がなんだ！　パンを保障しないワイマールが何だ！　ということになる。あれほど科学や合理を信じていた人間が、一瞬にして、手のひらを返すように、非合理的信仰にすがろうとするのが人間である。

もともと人間というものは、非合理的存在であるにもかかわらず、科学だの合理主義だの理性だのと近代的知をもって最高の価値のように評価してしまった。しかし、関東大震災のようなものがおきれば、人間はもとの姿にかえるのである。

九月十五日に、夢二は次のような文章を書いている。

「浅草觀音堂を私は見た。こんなに多くの人達が、こんなに心をこめて禮拝《れいはい》してゐ《い》る光景を、私ははじめて見た。…（略）…人間がこんなに自然の惨虐《ざんぎゃく》に逢って知識《ちしき》の外の大きな何かの力を信じるのを、誰が笑へ《え》るでせう《しょう》。神《かみ》や佛《ほとけ》にすがってゐ《い》る人のあまりに多いのを私は見た。觀音堂《かんのんどう》の『おみくじ場』に群集して、一片の紙に運命を託さ《そ》うとしてゐ《い》る幾百の人々を私は見た。それは必ずしも日頃神信心を怠らない老人や婦人ばかりではない。白セルの洋

『竹久夢二「東京災難畫信」展集』p.11

服のバンドにローマ字をつけた若い紳士や、パナマ帽子を被った三十男や、束髪を結った年頃の娘をも、私は見た。」（同上誌、九月十五日）

神仏にすがって助けを求める姿を「前近代的」と称し、放擲しようとしてきた人たちが、いま、ここで、神仏にすがろうとしている。

マックス・ヴェーバーは魔術的とか呪術的と呼ばれるような思考を、前近代的思考と称し、それらから解放されることが近代であるとした。日本の近代主義者たちも、おおむねそう考えた。呪術的、魔術的思考から、合理的なものへ進むことをもって「進歩的」近代人の誇りとした。

しかし、人間は近代的思考によってのみ生きているのではない。一つの希望や理想の世界で生きているのではなく、そういうものは、ことがおこれば消えてなくなり、現実世界に戻るのである。

## 坂口安吾の「堕落論」

坂口安吾が戦後に観察した人間を引き出しておこう。

「戦争は終った。特攻隊の勇士はすでに闇屋となり、未亡人はすでに新たな面影によって胸をふくらませているではないか。人間は変りはしない。ただ人間へ戻ってきたのだ。人間は堕落する。義士も聖女も堕落する。それを防ぐことはできないし、防ぐことによって人を救うことはできない。人間は生き、人間は堕ちる。そのこと以外の中に人間を救う便利な近道はない。」(『坂口安吾全集』14、筑摩書房、平成二年、五二一頁)

安吾と同じように、夢二も赤裸々な人間の真の姿を見ている。

九月十七日には「煙草を賣る娘」についで書いている。この大震災の直後においては、誰もが困惑し、乱心している状況ではあるが、特に弱者が浮き彫りにされていることをのべている。大地の上に座って「朝日」というタバコを売っている娘をえがいている。少し引用しておこう。

「煙草をパンに換《か》へて終ったら、この先《さ》き娘はどうして暮らしてゆくので

『竹久夢二「東京災難畫信」展集』p.15

あらう《ろ》。賣るものをすべてなくした娘、殊に美しく生《うま》れついた娘、最後のものまで賣るであらう《ろ》。この娘を思ふ《う》時、心暗澹とならざるを得ない。さう《そ》した娘の幸不幸を何とも一口には言ひ《い》切れないが、賣ることを教へ《え》たものが誰であるかが考へ《え》られる。恐怖時代の次に来る極端な自己主義《エゴイズム》よりも、廢頽《はいたい》が恐ろしい。」（九月十七日 煙草を賣る娘）

夢二はこういう弱者を見逃すことはない。どさくさにまぎれて、一儲けしようなどという気はこの娘にはさらさらない。ただ、これが売れなければ、食えないという悲壮な決意があるばかりである。これは夢二目線といってもよい。「女工哀史」に登場する悲しい娘と符合する。

## 自警団

大震災後、流言蜚語がとびかい、外国人や社会主義者の惨殺が行われ、世の中は騒然としていた。そんななかで、夢二は「自警団遊び」を書いている。

彼は具体的に朝鮮人の虐殺や社会主義者の暗殺についてのべているわけではない。日本国家は、根も葉もないことを理由に、次々と弱者、異端者を排除し、抹殺していった。日本国家の治安という目的をかかげながら、彼らの虐殺をはかろうとする国家権力にたいし、夢二はいかなる視線を向けていたのか。

この「自警団遊び」は、当時の世相を明確に反映している。「脱亜入欧」の精神で、日本国家が他のアジア諸国を軽蔑し、また、みずから危機感を抱いた社会主義者や共産主義者にたいして、狂気にみちた弾圧を加えていった。

「自警団」とは次のようなものであった。


「朝鮮人暴動の流言が広がると、羅災地やその周辺の町内はもとより、近郊の村にまで自警団が自主的につくられた。朝鮮人さわぎで興奮した人びとは、血眼でだれかれの差別なく道行く人を検問し、夜警にも立った。そしてすこしでも朝鮮人くさいとなると、朝鮮人だろうが日本人だろうが、見さかいもなく叩きのめし、果てには殺しさえしたのである。」(鶴見俊輔著者代表『日本の百年6、震災にゆらぐ』筑摩書房、昭和三十七年、六八頁)

夢二の絵はこうなっている。

空にはトンボが三匹飛んでいる。ちっちゃな女の子が一人、半ずぼんの男の子が一人、着物姿の男の子が四人、三人が竹槍を持ち、二人が木刀を腰にさしている。文章はこうである。

『萬《まん》ちゃん、君の顔《かほ》はどうも日本人ぢ《じ》や《ゃ》あないよ』豆腐屋の萬ちゃんを掴《つかま》へて、一人の子供がさ《そ》う言ふ《う》。郊外の子供達は自警團《じけいだん》遊びをはじめた。『萬ちゃんを敵にしや《よ》うよ』『いやだあ僕、だって竹槍《たけやり》で突くんだら《ろ》う』萬ちゃんは尻込みをする。『そんな事しやしないよ。僕達のはただ眞似《まね》なんだよ』さ《そ》う言っても萬ちゃんは承知しないので餓鬼大將が出てきて、『萬公！ 敵にならないと打殺すぞ』と嚇《おど》かしてむりやり敵にして追《おっ》かけ廻してゐ《い》るうち眞實《ほんとう》に萬ちゃんを泣くまで毆りつけてしまった。子供は戰爭が好きなものだが、當節《とうせつ》は、大人までが巡査の眞似《まね》や軍人の眞似《まね》をして好い氣になって棒切《ぼうきれ》を振りまは《わ》して、通行人の萬ちゃんを困らしてゐ《い》るのを見る。ちょっとここで、極めて月並みの宣傳標語を試みる。『子供達よ。棒切を持って自警團ごっこをするのは、もう止めませ《しょ》う』。」（九月十九日 自警團遊び）

『竹久夢二「東京災難畫信」展集』p.19

福沢諭吉のいう「脱亜」の道を選んだ近代日本は、アジア人を蔑視した。放火、強盗井戸への投毒などなど、事実無根のことを、あたかも実在するかのように、吹聴、宣伝した。通行人をことごとく誰何し、朝鮮人らしき人々を拘束し、傷つけ、殺した。それが、あたかも日本人の義務であるかのように思っている日本人の浅慮な精神構造はいまも完全には消えていない。

吉村昭の文章の一部を引いておこう。

「各地の警察では、多くの朝鮮人を逮捕し厳重に訊問したが、これらからはなんの不審な点も発見できなかった。一般民衆が井戸に投入する毒薬を朝鮮人が持っていると訴えて取り調べてみると、それは七味唐辛子であったり、爆弾と思われるものも単なる食糧缶詰にすぎない。放火の事実も皆無で、強盗、殺人等の証拠もつかむことは出来なかった。しかし、民衆は朝鮮人の発見につとめ、凶器による殺傷をつづけている。暴徒はむしろ自警団の彼らであった。」(『関東大震災』文芸春秋、平成十六年、二〇一頁)

夢二が「都新聞」に、こういうものを掲載したにもかかわらず、よく権力は彼を批判、攻撃しなかったものである。国家権力の横暴と、日本人の恥辱をよくついている。

秋山清の夢二評価も引いておきたい。

「軍や警察がやったと同じようなことを民衆もやる、そのやることは街の辻々に関所を設け、そこに群がり集合した人々が自警団と称して通行人たちを片っぱしから、誰何し、そこから朝鮮人らしいものを誰彼なしに捕えたり殺したり、それが国民としての義務であるかのように勇んで組織されたあの大掛かりな行為、夢二は街頭に見出したらしい、子供たちの『自警団遊び』を描いて、このような日本人の追随性と残虐性をいいたかったのであろう。」(『竹久夢二』紀伊国屋書店、平成六年、五四頁)

夢二は大震災の翌日には、本所区横網町の被服廠跡を見ている。東京市のなかでも、もっともひどい光景であった。夢二は「死体の海」と表現しているが、東京市の死者の五割以上がこの地であった。

被服廠とは避難所の一つであったが、次のようなものであった。

「東京市が軍から払い下げを受けて、将来、公園や社会事業用地にしようとしていた約二万坪の空地があった。一方が両国駅の運河に接し、ほかが広い道路で囲まれていたのだから、だれもが恰好の避難場所と考えたのもムリはない。近くの相生警察署でも、署長が陣頭指揮して避難民をここに誘導したから、数万の人びとがこの空地に殺到した。家財道具を城壁のように積みめぐらせて、老人やこどもをその内側に避難させる者、着のみ着のまま命からがらかけこんできた人びと。二万坪の空地は、たちまち不安と疲労の表情のなかにのみこまれた　ところが　一二時間もしないうちに火の手がここへも容赦なく襲いかかった。火炎がつむじ風となって、この広場をまきこんだのだ。避難地の様相は一変して、さながら生き地獄となった。」（鶴見俊輔著者代表、前掲書三七～三八頁）

三万八千人がこの地で死んだというから、驚く。死体が多すぎて、その処理に十日もかかったという。

夢二は死体を焼いている風景を描いている。こんな文章をつけて。

「災害の翌日に見た被服廠《ひふくしょう》は實《じつ》に死體《したい》の海だった。戦争の爲《た》めに戰《せん》場で死んだ人達は、おそらくこれ程悲惨ではあるまい。つひ《い》さっきまで生活してゐ《い》た者が、何の爲めでもなく、死ぬ謂《い》は《わ》れもなく死んでゆくのだ。死にたくない、どうかして生きたいと、もがき苦しん

『竹久夢二「東京災難畫信」展集』p.21

だ形がそのままに、苦患《くげん》の波が、ひしめき重なってゐ《い》るのだ。……（略）……この繪は、最後の死體を焼いてゐ《い》る十六日に寫生《しゃせい》したものだ。」（九月二十日 被服廠跡）

九月二十二日には「救済団」について書いているが、これは「救済団」とか「婦人愛国会」などの国家的視点にもとづく、女性解放の単純さとインチキ性をついたものである。

この絵の右下に、土の上に小さな箱を置き「ろうそく一本、一銭」と書いた貼紙をして座っている女性がいる。そして彼女を横目でみながら、日傘をさして、おしゃれな貴婦人たちが歩いている。

「花柳界を裏街へ持っていったり、彼女等の商賣《しょうばい》さへ取上げれば、女も男も救は《わ》れて世の中が品行方正になると、單《たん》純に思ってゐ《い》る救濟會とか婦人愛國

『竹久夢二「東京災難畫信」展集』p.25

になって、どんどん男の仕事を奪って共同の事業をする時代を喜ばねばならないだら《ろ》うか。花の咲く木は皆伐ってそこへバラックの長屋を建てるのだらうか。世の中はおもむきを失ひ、女はもののあはれを忘れや《よ》うとしてゐ《い》る。」（同上 救濟團）

## 仲秋名月

差別や対立の本質を見抜く力もない、軽佻浮薄の世相に夢二は絶望しているのである。

九月二十五日には、「仲秋名月」が登場する。着るものも、食べるものもままならぬときでも、望月への供物を忘れない人がいることに夢二は胸をなでおろしている。母と子供二人が、秋の七草の一つである「すすき」のなかに座して月を見ている絵を描いている。

『竹久夢二「東京災難畫信」展集』収蔵

次のような文章を書いている。

「青山の原で、薄《すすき》を引いてゐ《い》る女があった。何げなく見て過ぎたが、けふ《きょう》は仲秋名月の宵であった。着るものも不自由勝ちなバラック生活の中でも、望月《もちづき》の供物《くもつ》を忘れない人があるのであった。……（略）……大空《おおぞら》の草の上に我々の祖先がしたやう《よ》に、原始人の驚きと喜びをもって、月を見ける人もあらう《ろ》。この騒ぎに、二日や三日を戸外の土の上《うえ》で大空をながめながら、夜を送らないものはなかったであらう《ろ》。そこで我々は、共同生活の訓練も得たし、創意《おりじなりてー》ある簡易生活の暗示をも得たやう《よ》に思ふ《う》。また、自然の中に、大地の母の懐に生活する好い經驗《けいけん》も得た。あまり創意《おりじなる》のない、悪《わる》い文化《ぶんか》の模倣生活の愚かさを醒《さ》ましてくれた點《てん》でも、この災難は意味があった。」（九月二十五日）

人間というものは、すべてを喪失してみてはじめて、なにが必要で、なにが不要なものかがわかる。太古の昔、人間が原始生活をおくっていたことの内容をよく吟味しなければならないのである。多くのものが、重みも深みもない、軽佻浮薄な虚構にすぎない。進化論とか文明論が登場して、人間が願うようになったものは「自然の征服」ということを前提にしたものである。つまり、大地を破壊することであり、母なる大地への反逆行為であった。

母なる大地に井戸を掘って水をのみ、土を耕して食物を得て、それを食う。人間の生

活にそれで充分である。それが人生のすべてであり、そこに過不足があってはならない

「悪い文化の模倣生活」と夢二が呼んでいるものは、自然のなかで、生かされている人間の姿を忘れてしまった行為のことをいっているのである。

## 子夜呉歌

九月三十日にて「子夜呉歌」がある。これは李白の詩であるが、夢二はこれで、なにを語ろうとしているのか。自警団および、夜警当番のことを書いている。「夜警の時間ですよ」といって、自警団の士官級の者が当番を起して歩くのである。当番に当っている者は、寒かろうと、疲れていようが、その任につきまっとうしなければならない。

「男はレンコートを引《ひっ》かけて棒切を持って出てゆく。『おゝ寒い』戸外は

『竹久夢二「東京災難畫信」展集』p.41

長安一片の月夜だ。『もっと着ておいでになったら?』と妻が氣《き》づかふ。『なあにこれで好いさ、男子戸を出《いづ》れば勇敢な武士《もののふ》だ。』良人《おっと》が出陣してゐ《い》るのに、妻が安閑として寝《ね》てもゐ《い》られないから、暖かいココアでも用意して置《こ》かうと、妻は七輪の火をおこしはじめる。やがて、横丁の露地を、彼女の良人であら《ろ》う、馴れぬ拍子木の音が、遠くへ消えてゆくのが聞かれる。秋風《しゅうふう》吹き盡《つく》さず、すべて是《これ》　玉關《ぎょくけい》の情《じょう》　何《いづ》れの日か胡虜《こりょ》を平《たいら》げて良人《りょうじん》　遠征《えんせい》を罷《や》めん（下座の唄）」（九月三十日 子夜呉歌）

どんな部屋かはわからないが、若い妻がポツンと坐って、夫のことを心配している。日本国家の間違った方向性にも、義務として協力せざるをえない良人の留守を守らねばならぬと思う妻の気持のために李白の詩を利用したのである。

二十一回のすべてを紹介することはできないが、それにしても夢二は、なぜ、こんなにも大震災直後の東京に注目したのであろうか。

哀愁にみちた美人画の世界とは、直接的につながらないこの大震災直後のスケッチは、夢二にとって、いったいなんであったのか。

私はこの二十一回にわたってえがいた絵と文章に、夢二の思いが総括されているように思う。

この災害のなかで、自然の環境が大きく変わり、人間の赤裸々な姿が露呈し、それまてかぶっていた仮面がとれ、心のきたなさも、よさも、正直に浮きほりにされたのである。

夢二は、夢二流の眼と心で、それぞれの人間模様をスケッチしたのである。

## 主要参考・引用文献


秋山清『わが夢二』北冬書房、昭和五十一年、『竹久夢二』紀伊國屋書店、平成六年、『夢二は旅人―未来に生きる詩人画家』毎日新聞社、昭和五十三年、『郷愁論―竹久夢二の世界』青林堂、昭和四十六年、『夢二とその時代』第三文明社、昭和五十三年

細井和喜蔵『女工哀史』岩波書店、昭和二十九年

荒畑寒村『寒村自伝』上巻、岩波書店、昭和五十年

森本哲郎『夢二の小径』講談社、昭和五十一年

鹿野政直『日本の近代思想』岩波書店、平成十四年、『近代日本思想案内』岩波書店、平成十一年

細野正信『竹久夢二』保育社、昭和四十八年

海野弘『竹久夢二』新潮社、平成八年

青江舜二郎『竹久夢二』中央公論社、昭和六十年

栗田勇編『竹久夢二―愛と詩の旅人』山陽新聞社、昭和五十八年九月

『別冊太陽・竹久夢二の世界―描いて、旅して、恋をして』平凡社、平成二十六年

海野弘『竹久夢二』新潮社、平成八年

橋川文三『標的周辺』弓立社、昭和五十二年
安永寿延『伝承の論理』未来社、昭和四十年
長田幹雄編『竹久夢二』昭森社、昭和五十年
『竹久夢二「東京災難畫信」展集』監修・竹久みなみ、ギャラリーゆめじ、平成二十三年
『坂口安吾全集』14、筑摩書房、平成二年
吉村昭『関東大震災』文芸春秋、平成十六年
鶴見俊輔著者代表『日本の百年 6、震災にゆらぐ』筑摩書房、昭和三十七年

# 岡倉天心のアジアによせるおもい

## 福沢諭吉と岡倉天心

いまもって、日本はアジアに関するとてつもない大きな問題をかかえている。アメリカと日本の関係からくる「対アジア」の問題一つにしても、そこにはいくつもの隘路が存在する。日本はどこに足場を置くべきか、難問である。

これまで私たちは、アジアへの認識をめぐって、対極にあるように見える二人の思想家の存在を知っている。

その一人は福沢諭吉（一八三五〜一九〇一）であり、いま一人は岡倉天心（一八六二〜一九一三）である。

福沢は明治十八年に、「脱亜論」を書いた。日本はたしかに地図の上ではアジア東方に位置していて、アジアの一員である。しかし現状を見るとき、アジアの隣国と共に歩んでいたならば、西洋列強の餌食になることを避けることはできなかったかもしれない。福沢は日本は東方の国々を拒絶し、ヨーロッパ文明に接近しなければならぬという。隣国はおそかれはやかれ亡国の道を歩むことになるであろう。陋習を保守するのみでアジアは自立することは不可能だと彼はいう。

「脱亜論」よりも、先に書いた『文明論之概略』（明治八年）のなかで、福沢はヨーロッパ、アメリカを最高の文明国と呼び、中国、日本などは、半開の国と称している。彼は文明ということをことさら強調し、こだわり、文明の発達こそが国家の独立であり、日本も文明国になることを目標にして進まねばならぬとした。

福沢の「脱亜論」の思想的背景となるものは、いかなるものか。彼が中国の文明に触れた最初のものは、いうまでもなく漢学である。福沢の漢学の実力はかなりのものであった。論語はいうまでもなく、詩経、書経、左伝、老子、荘子、史記など。『福翁自伝』にこうある。

「白石の塾にいて漢書《かんしょ》は如何《いか》なるものを読んだかと申すと、経書《けいしょ》を専らにして論語孟子は勿論、すべて経義《けいぎ》の研究を勉め、殊《こと》に先生が好きと見えて詩経に書経というものは本当に講義をして貰って善《よ》く読みました。ソレカラ、蒙求、世説《せせつ》、左伝《さでん》、戦国策《せんごくさく》、老子《ろうし》、荘子《そうじ》というようなものも能《よ》く講義を聞き、その先《さ》は私独《ひと》りの勉強、歴史は史記を始め、前後漢書《ぜんごかんしょ》、晋書《しんじょ》、五代史《ごだいし》、元明史略《げんみんしりゃく》というようなものも読み、殊に私は左伝が得意で、大概の書生は左伝十五巻の内三、四巻でしまうのを、私は全部通読、およそ十一度《た》び読み返して、面白いところは暗記していた。」(『新訂・福翁自伝』岩波書店、昭和五十三年、一五〜一六頁)

福沢は大阪に行き、緒方洪庵の蘭学塾で、蘭学を学ぶ。その実学、実用性に強烈な印象を持った。そうなると、それまでの儒教が急速に空虚に思え、その批判に彼の目は移ることになる。

外遊を機に福沢は、ヨーロッパのアジア植民地獲得状況に、強い危機感を持った。力としての文明に福沢は強い興味を持つのであった。「脱亜」の背景に、福沢のアジア文明の危機感があったことを忘れてはならない。

## アジアは一つ

岡倉天心は明治三十六年に、『東洋の理想』を書き、次のようにのべた。

「アジアは一つである。ヒマラヤ山脈は、二つの偉大な文明―孔子の共産主義《コミュニズム》をもつ中国文明と『ヴェーダ』の個人主義をもつインド文明を、ただきわだたせるためにのみ、分かっている。しかし、雪をいただくこの障壁でさえも、究極と普遍をもとめるあの愛のひろがりを一瞬といえどもさえぎることはできない。この愛こそは、アジアのすべての民族の共通の思想的遺産であり、彼らに世界のすべての大宗教をうみだすことを可能にさせ、また彼らを、地中海やバルト海の沿海諸民族――特殊なものに執着し、人生の目的ではなく手段をさがしもとめることを好む民族――から区別しているものである。…（略）…アジアが一つであるとすれば、アジアの諸民族が力強い一体をなしている、ということも真実なのである。」（「東洋の理想」『岡倉天心』、色川大吉責任編集、中央公論社、昭和四十五年、一〇六～一〇七頁）

天心がここに表明しているものは、アジアにたいする生涯の関心と、その思念を集めたものである。

アジアの諸国は、その多くがヨーロッパ列強の侵攻を受けており、その蹂躙に呻吟していた。植民地支配からの解放の意味も、ここにはあった。

こういった天心の思いとは別に、日本の近代化の方向は、福沢が主張した通りの脱亜入欧の道を歩み、ヨーロッパの近代文明を金科玉条のごとくにした。あとへ引き返すことはなかった。

この近代化のスタート時点よりアジアは日本にとって、近くて遠い国になってしまったのである。

ヨーロッパ列強に遅れをとった、後発の日本は、文明開化に象徴されるような、ヨーロッパ文明の日本化に血道をあげていったのである。

このことにより、日本は急激に実力をつけていった。やがて膨張的日本の姿があらわれるにいたる。蛙のお腹が破れるほど、日本近代はふくれあがろうとした。

天心は近代日本のそのような道に共鳴することもなく、旗をふることもなかった。

アジアのそれぞれの国は、それぞれ独自の歴史と文化を持って生きていることを天心は熟知していた。一つの国家の内部においてさえ、それぞれの地域がそれぞれ独自の生活の型を持っていることも、彼は知っていた。

たとえば同じ中国にしても、儒教、老荘、道教の支配する地域があり、インドも多様である。

その凹凸を巨大なヨーロッパ文明というローラーで平板化してゆくことは、文明の破壊であるとの認識を天心は持っていた。

この多様なアジアを、もし大きな枠でくるとすれば、それは「究極と普遍をもとめるあの愛」である。この愛こそが、あのヨーロッパ文明の根底にある「人生の目的ではなく手段をさがしもとめる」ものと、決定的に違うものだと天心はいう。

アジアの文明は、愛と美と道義を核に置きその求めるところを追究してやまないのである。しかし、ヨーロッパはこのことを、アジアの停滞と呼ぶ。

日本近代の知識人と呼ばれる人たちが、ヨーロッパにしか目が向いてないのと、そちらにしか足を運ぼうとしないのに、天心は中国、インドを縦横に歩いた。

科学的技術文明に遅れをとったからという理由で、アジアはいささかも劣等感をもつ必要はないし、これを恥じることもない。

天心は次のようにいう。

「アジアの簡素な生活が、今日蒸気と電気とが定めたところのヨーロッパとのきわだった対照を恥とする必要は毫《ごう》もない。……（略）……いかにもアジアは、時を稼ぐ交通機関によるはげしいよろこびは何も知らないが、しかし今なお巡礼や雲水という、はるかに深い意義をもつ旅の文化をもっている。」（同上書、一九三頁）

そして　さらにこうもいう

「今日アジアのなすべき仕事は、アジアの様式をまもり、これを回復することにある。しかし、これをおこなうためには、アジアはまずみずからこの様式の意義を確認し、これを発展させなければならない。なぜならば、過去の影像は未来の約束であるからである。いかなる木も、種子のなかにある力よりも大きくなることはできない。」（同上書、一九五頁）

人間が自然を自分の支配下に置き、スピード、効率によって生産性をあげることに、最高の価値を置くような文明ではなく、たとえ、生産性はあがらなくとも、人間と自然が一つとなり、労働と芸術が一つになるような精神の昂揚にその基本を置くのがアジア文明である。

## ヨーロッパ文明とアジア文明

アジアの多くは農耕文明を持っている。これは、自然との融合、受容性のなかでの文明を持ち続けるということである。ヨーロッパ的価値からすれば、このアジア文明は、人間の進歩に逆行するものとなるのであろう。

現実世界において、物資的豊かさを追究するヨーロッパ文明が、近代兵器を使用しながら、アジアを抑圧し、侵略し、息の根を止めてしまうほどの攻勢をかけてきた。

ヨーロッパが非ヨーロッパを認めるのは、後者が前者に敗北を喫したときだけである。

多くの非ヨーロッパの国は、自国の誇りを捨ててでも、ヨーロッパに馴染もうと必死になった。

## ヨーロッパの栄光はアジアの屈辱

近代史上、ヨーロッパの栄光は、まさしく、アジアの屈辱であったのである。

天心は次のような声をあげている。


「ヨーロッパの栄光はアジアの屈辱である！ 歴史の過程は、西洋とわれわれのさけがたい敵対関係をもたらした歩みの記録である。狩猟と戦争、海賊と略奪の子である地中海およびバルト海民族の、落ちつきのない海洋的本能は、最初から、農業的アジアの大陸的安住とはいちじるしい対照をなしていた。自由という、全人類にとって神聖なその言葉は、彼らにとっては個人的享楽の投影であって、たがいに関連しあった生活の調和ではなかった。彼らの社会の力は、つねに、共通の餌食を撃つためにむすびつく力にあった。彼らの偉大さとは、弱者を彼らの快楽に奉仕させることであった。」

（「東洋の目覚め」『岡倉天心』、色川大吉責任編集、中央公論社、昭和四十五年、七〇頁）

近代の歴史は、ヨーロッパ中心の歴史として展開した。そこに存在する基準がすべての領域における普遍的なものとなっていて、それが唯一絶対のものとなったのである。この尺度によって、全世界がとらえられ、アジアは停滞地域となった。

自由も民主主義も、ヨーロッパが非ヨーロッパを支配し、植民地獲得による拡大主義と、いささかも矛盾するものではない。

科学技術の発達が植民地拡大に大きく貢献したことを否定する者はなかろう。ヨーロッパが自由を拡大してゆく歩みは、非ヨーロッパの不自由の拡大につながる。ヨーロッパ文明の発達は、人類に数々の貢献をしてきたのは事実であるが、根本的に他の生命の犠牲の上に成立するもので、そこには強烈な自己利益の追求の姿がある。

略奪と抑圧によって膨張してゆくことが、ヨーロッパ文明の本質で、この文明は科学技術による「力」そのものである。この「力」に抗して固有の精神的価値を堅持してゆくことは、そう簡単なことではない。

ヨーロッパ文明という流行病の感染を恐れ、その侵入にブレーキをかけようとした人たちもいるにはいたが、大きな流れとはならず、ヨーロッパ文明が世界を席巻することとなった。

日本は福沢のいう「脱亜」の道を選び、ヨーロッパ列強の仲間入りを熱望し、それに向って奔走した。

ヨーロッパ文明がたとえ麻疹のような伝染病であったとしても、日本はその伝染病に躍ってでも、追随してゆくという選択をした。停滞している隣国と歩調を合わせていたら、日本の独立は不可能で、やがて植民地となり、従属の運命を辿るであろうという認識に立って、日本の近代はあった。

天心の思いは、そのようなものとは大きく異なっている。そもそも彼は、アジアを停滞した地域だとは思っていない。

中国にしても、インドにしても、尊敬に値する道義をもち、崇高なる理想にもとづいた宗教、芸術をもっている。そこにはヨーロッパにはない精神の昂揚があるという。しかし、この精神のたかまりを、近代兵器をもったヨーロッパは次々と侵略してゆくのである。

侵略と拡大を目標にするヨーロッパ文明の嵐は、狂気をもって激しくおそいかかる。アジアは完全にヨーロッパに従属するところとなった。

いつまでも、いつまでも、アジアはヨーロッパに忍従するのか、それともいつの日にか、アジア民族解放のために、アジアの怒りは爆発するのか。断固として天心は闘いを主張する。次のように彼はいう。

「アジア人ひとりひとりの心臓は、彼らの圧迫によるいいようのない苦しみに血を流していないであろうか？ひとりひとりの皮膚は、彼らの侮蔑的な眼の鞭の下でうずいていないであろうか？ヨーロッパの[illegible]白そのものが、アジアを便うって、自覚的流をおびている。アジアはこれまでその巨体をうごかすのに緩慢であった。しかし眠れる巨象は、あすにも目覚めて、おそるべき巨歩をふみだすかもしれない。そして、八億三千万の人間が正当な怒りを発して進むならば、そのひと足ごとに地球は震動し、アルプスはその根底まで揺れ、ラインとテームズは恐怖にさかまくであろう。」（同上書、九一頁）

幾重にも虐げられてきたアジア民族の解放は、アジア全体の夢であった。その熱い思いを誰も消すことはできない。

天心は民族解放のための闘いとして、ゲリラ戦をもってくる。

## 中国・インドの旅

天心は中国美術の調査という名目で、明治二十六年七月から十二月にかけて、中国を旅している。この年は日清戦争のはじまる直前で、きわめて危険な状況のなかでの旅であった。この政治状況とは別に、自然環境の厳しさもそれに重なった。

これより七年前、つまり、明治十九年に、文部省図画取調掛となり、九月に美術取調員として欧米に出向いている。滞在期間は、約九ヶ月間であった。ここで彼が意識して調査の対象としたものは、学校、博物館、そして著名な人と会見した。いわゆる人間の営みに注目したのである。

七年経過して天心が中国の旅で遭遇したものは、巨大な自然の力が人間の営みを圧倒する風景であった。この旅は、のちの天心のアジア観になり、日本文明観の一つになった。この旅での一大収穫は、竜門の大石窟群であった。

色川大吉は、そのことを次のようにのべている。

「北京に着くまで二十五日という惨憺たる旅をかさね、それから奥地へは危険だというので、…（略）…九月九日には黄河を渡る。この日は、朝三時半に起こされ、四時には出発している。その後十日して、洛陽の南方、竜門の大石窟群にぶつかり、天心は狂喜し、我を忘れてこの大芸術に見とれたという。ここでかれははじめて、東洋人にそなわった優秀な芸術的素質と表現技術の極致にたいする確信をつかんだようである。このことはかれのアジア文化にたいするこれまでの信念を決定的にしたであろう。」（色川大吉「東洋の告知者天心——その生涯のドラマ」『岡倉天心』色川大吉責任編集、中央公論社、昭和四十五年、二七頁）

中国の芸術が、いかなる歴史的、風土的背景のなかで生れ、育ったかを天心は体感したのである。

雄大であるか、ときとして厳しく襲いかかる自然の勢いの前に、人知の非力さを天心は見た。

どれほど長期にわたり、人間の生活を支えてきたものであっても、それが人間の作為によってつくられたものであるかぎり、それは一瞬にして、破壊されてゆく自然の猛威を天心は見たのである。

人間を地球上の最高の座に置き、すべての長として認めるヨーロッパ的ヒューマニズムの主体性論、合理主義などの破綻してゆく姿を天心は見たのである。

この中国旅行によって、ヨーロッパ文明との決定的違いを知った天心は、さらに、アジア芸術の源ともいえるインドへの旅行で、天心のアジア文明観は、完成の方向を辿ることになる。

美術遺跡の見学、調査ということが旅の目的であった。明治三十四年の十一月から翌年の十月まで、およそ一年にちかいインド旅行であった。

インドと中国の天心の旅の違いを、大久保喬樹は次のようにのべている。

「このインド旅行は、八年前の中国旅行に比べて、約二倍の日程に及ぶ長期のものだったが、内容的にも、前回の旅が現地人との交際も案内もなく、独力で苦労を重ねながら強行日程で各地を踏破した孤独な遺跡探検行であったのに対し、今回は、現地知識人社会に厚く迎えられ、そこに悠々と滞在して交際を深めながら、インドの過去と現在、遺跡と社会現状を並行して全体的に観察するというように幅広いものだった。…（略）…そこで中心的テーマとなっているのは、日本から中国へとさかのぼって確かめられたアジア美術の流れを更にその源泉たるインドにまでたどって、最終的にアジア美術全体の大きな見取図を確認完成することである。」（大久保喬樹『岡倉天心』小沢書店、昭和六十二年、一九一～一九二頁）

インドにおいて、天心は明治三十五年の一月三日にはラムナッド国王と昼食を共にしたり、その後、世界的仏教学者であるヴィヴェカーナンダに会い、彼の紹介で、タゴール家の人々などに会っている。

天心が多くの人に会い、現地を歩いてわかったことは、日本の古美術なども、インドの影響を強く受けていること、また、美術だけでなく、日本の風俗習慣などにもその影響下にあるものが多いということであった。

アジアの深い伝統にもとづく、愛と美の普遍的なものを追い求めるために、天心の「アジアは一つ」はあったのである。しかし、いつしか彼の直意とは違ったところでそれは利用され、政治世界に利用されるという悲劇を生んだ。

アジア全体の解放ということが、日本がその主人となって、アジアをヨーロッパ列強にかわって主導権を握ろうとする思想にかわってゆく。

## 天心と日本浪曼派

日本ファシズムのイデオロギーの一つとして、「大アジア主義」があることを指摘してくれた一人に丸山真男がいる。彼は次のようにいっている。

「日本ファシズムのなかには、自由民権運動時代からの課題であるアジア民族の解放、東亜をヨーロッパの圧力から解放しようとする動向が強く流れ込んでいるのですが、しかもそれが殆ど不可避的に日本がヨーロッパ帝国主義に代ってアジアのヘゲモニーをにぎろうとする思想と織り合わさってしまうのであります。(東亜共同体論より東亜新秩序論への展開を見よ)。日本がともかく東洋において最初に近代国家を完成し、『ヨーロッパの東漸』をくいとめた国家であるという歴史的地位からして、日本の大陸発展のイデオロギーには終始この東亜解放的側面がまつわっております。勿論後になればなるほど、この側面は帝国主義戦争の単なる粉飾という意味を強化して行くわけですが…」(丸山真男「日本ファシズムの思想と運動」『増補版・現代政治の思想と行動』、未来社、昭和六十二年、五七頁)

天心の真意がどこにあろうとも、「アジアは一つ」は、大東亜共栄圏という偽善のなかに吸引されてゆく。

いうまでもないことであるが、ファシズムは、もともと固有の思想や哲学を持っているわけではない。行動が優先し、その行動を正当化できるものであれば、右でも左でも利用できるものは、なんでも利用する。

天心の「アジアは一つ」は、利用価値の高いものであった。アジアの解放という大義名分があり、また、ヨーロッパ文明にたいする強烈な疑念があったからである。

「ヨーロッパの栄光は、アジアの屈辱である」と豪語し、ヨーロッパ近代を攻撃した天心は、日本浪曼派とも結びつき、ファシズムに利用されていった。

日本浪曼派の代表である保田与重郎は、昭和十七年、天心についてこうのべている。

「天心は明治最大の思想家である。又最大の詩人であった。最も識見の高い志士であった。さうして最大の予言者であった。彼はアジアが一つであること、アジアの未来がアジア自身の中に蔵されていることを云うた。さうしてアジアが自身の力で、九死より回生する神話を、アジアの中にさし示した。彼の思想は予言であったが、それは神話である。…（略）…天心の思想は、所謂南進論や北進論と云ふ類のものと同一ではない。彼の創造的な思想は、情勢論でなく、神話であった。」（保田与重郎「日本語録」『保田与重郎全集』第十七巻、講談社、昭和六十二年、一七六〜一七八頁）

保田を中心とする日本浪曼派の基本的主張は、ヨーロッパ近代、文明開化への懐疑であり、否定であったから、保田が天心を仲間に入れないはずがない。

保田もそうであったが、天心もまた、戦後民主主義の嵐によって、厳しい糾弾を受けたことは周知の通りである。

ヨーロッパの攻勢、侵略に対するアジアの抵抗ということは、聞こえはいいが、アジアの真の連帯を意味するものではなく、それは日本のアジア侵略、統合のための隠れみのにすぎなかったという否定的発言も多くあったのである。芸術などの面にしても主役は日本ということになる。

青木保は、この点にふれてこうのべている。

「天心の『東洋の理想』論といえども、日本の使命を説くのに熱心であり、その背後にアジアの芸術と愛があるとはいっても、アジアとの『共同』の作業を行ない、『連合』を築く上でそれを論じるという動きはほとんどみえないのである。もとより天心はアジアに多くの友人知己をもち、その交友関係の中での『共同』は意識をいだいたであろうが、いざアジアの芸術と伝統の存亡の危機に際して、それを擁護できるのは日本と日本人であると主張するのみである。アジアの偉大な伝統、そこに達成された芸術と宗教の深さと広さを称える天心であるが、その継承発展はひとえに日本の使命であるということになる。」（青木保「近代日本のアジア認識」、青木保・川本三郎他編『近代日本文化論（2）――日本人の自己認識』岩波書店、平成十一年、一〇四～一〇五頁）

青木の言っていることは当たっているが、そうだからといって、天心のアジアへの熱い思いを消去していいということにはならない。

天心の真意が奈辺にあったかを探る必死の努力を惜しんではなるまい。天心の片言隻語をつかまえて、極小化したり、極大化したり、あるいは歪曲して政治的に利用される危険性はなくなってはいない。

天心は大正二年九月二日に他界した。相当の年月が流れたが、いまだ彼についての文明論は、たしかな理解がなされているであろうか。

色川大吉の次の炯眼に注目したい。

「天心評価は戦争の活況とともに栄え、敗勢とともに衰えた。昭和二十年八月の敗戦によって、もはや天心を口にする風潮はまったく消え去った。天心の訳者たち、解説者たちは、戦後民主主義の洪水のなかで戦争責任を問われて逼塞し、あるものは言論界から放逐された。天心の『アジアは一つ』は虚妄の弁とされ、アジアにたいしては、もっぱら〝懺悔の哲学〟がくりかえし説かれた。しかし、そのことによって天心の提起した問題は、ほとんど何一つ解明されなかった。」（色川大吉「東洋の告知者——その生涯のドラマ」、前掲書、八頁）

天心が提起したアジアへの思いを、いま、日本は、この厳しいアジア情勢のなかで、どのように理解し、未来につなげてゆけるのか。

ヨーロッパ、アメリカの仲間入りだけを目標にして突き進んできた日本近代の流れのなかで、天心から学ぶものは山ほどある。

## 主要引用・参考文献（岡倉天心の著作は略）


大久保喬樹『日本文化論の系譜 ―「武士道」から「甘えの構造」まで』中央公論社、平成十五年、『岡倉天心』小沢書店、昭和六十二年
菅孝行『日本の思想家』大和書房、昭和五十六年
竹内好編『アジア主義』〈現代日本思想大系（9）〉筑摩書房、昭和三十八年
保田与重郎『保田与重郎全集』第十七巻、講談社、昭和六十二年
丸山真男『増補版・現代政治の思想と行動』未来社、昭和六十二年
青木保他編『近代日本文化論（2）― 日本人の自己認識』岩波書店、平成十一年
大岡信『岡倉天心』朝日新聞社、昭和六十年
竹内好・橋川文三編『近代日本と中国』（上）朝日新聞社、昭和四十九年
色川大吉編集・解説『日本の各著（39）・岡倉天心』中央公論社、昭和四十五年
斉藤隆三『岡倉天心』吉川弘文館、昭和三十五年
河原宏『近代日本のアジア認識』第三文明社、昭和五十一年
福沢諭吉『文明論之概略』岩波書店、昭和六年、『福翁自伝』岩波書店、昭和五十三年

# 故郷喪失とナショナリズム

## ――柳田国男の場合――

## 故郷とは

事情はいろいろあるにしても住まう場所を転々とする者にとっては、故郷という強烈な意識は生れにくい。先祖代々そこに定着し、そしてある時期から、そこを離れ、時間が経過したとき、故郷へのおもいは浮上する。

そこには父母がいて、親類縁者がいて、竹馬の友がいて、幼いとき遊んだ山や川があり、水車小屋があって、いつ帰郷しても、あたたかく迎えてくれ、包んでくれる空間が故郷として描かれてきた。故郷というものは一般的には懐かしく、美しく描かれはするが、そのような故郷ばかりが人のこころを支配していたわけではない。一歩その地に足を踏み入れるや否や、ムラ人からは冷たい視線を向けられ、口もきいてくれない地獄的故郷だってある。

石田郁夫は次のような故郷を描いている。

「私は、ある種のおびえと戦慄なしには、故郷の村をふりかえることはできない。その暗部を見ないものたちによる村的なものへの郷愁めいた理想化や土着共同体への楽観論には、私はほとんど体質的な嫌悪や恐怖すら感ずる。通りすがりの、まれびととして立ち寄るものにとっては、なつかしい里であり、その共同体のなかで、しかるべき所を得ているものにとっては、安らぎの所在であるかもしれないが、そこからはじき出されているもの、その安寧秩序のもとで下じきにされているものにとっては、そ

こは常に北狄だ」（『土作と解放―差別と支配の構造―』社会評論社　昭和五十年　一五九〜一六〇頁）

文部省唱歌として唄われてきた故郷というものは、この負の部分の表現は皆無といってよかろう。故郷というものはどこまでも山紫水明で、ムラの内部における貧困や苦渋はかき消され、美しく懐かしい部分のみが拡大延長される。いわば故郷は聖地として唄われ、描かれてきたのである。

誰が、何のためにそういう描き方をしたのか。いうまでもなく、それは国家の細胞としての故郷をつくりたいと願う権力の作為がそこには働いているのである。

ありもしない、あっても極小のものを拡大し、幻想化し、国家の共通基盤にしたということである。

国家にとって都合のいい故郷とは、純粋無垢で毒気のない聖地としての非政治的空間であった。しかし、この非政治的空間というものが曲者で、そのようにしておくことがどれほど政治的なことであるかはいうまでもない。

松永伍一は、スコットランド民謡に歌詞がつけられた「故郷の空」（明治二十一年）をとりあげ、次のようにのべている。

「これは古今集的発想であり、万葉集にみられる人間の動きや生活の実感は完全に捨象されている。故郷の光景らしきものがうたわれながら、秋風と月と鈴虫を配することによって、自然を象徴化し、それが故郷であると感じさせることで、観念化が進められた。…（略）…故郷の貧困の部分（社会矛盾の露呈）や俗悪とされたいっさいを排除し、…（略）…透明な世界でまとめあげていく、…（略）…透明な空間、純粋性、邪念なき忠誠心、郷土愛＝祖国愛、離村した者の救い、孝行という倫理――これらは、自然の美的表現を掲げながら、裏にひそまされていた政治的統制のための、存在に他ならなかった。」（『ふるさと考』講談社、昭和五十年、八四〜八五頁）

そんな桃源郷のような故郷があちこちにあるわけがない。くる日もくる日も、諸々の矛盾からくる貧困と、その貧困がもたらす近隣の人間との軋轢のなかで暮すムラ人にとって、そのような美的故郷は幻想でしかなかろう。しかし、それでもムラ人は、そこに束縛されていながらも、故郷への愛をあるときは内発的に抱き、あるときは強制的に抱かされるのである。

故郷は多くの場合、国家によって利用されるが、ときとして強く峻拒され、放擲される場合がある。峻拒され、放擲されるのは、故郷が国家にとって邪魔になるか、それとも、牙をむくときである。

## 柳田国男にとっての故郷

ところで柳田国男は故郷にたいして、どのような考えをもっていたのであろうか。彼には、『故郷七十年』という作品があるが、ここに柳田の故郷観がよく表現されている。望郷の念にかられることはあっても、さりとて自分がそこへ行って落ち着ける場所はない。柳田はこんなことを書いている。

「私の両親は兄弟のない人だったし、せいぜい故郷は次兄の養家先がある程度。そこも帰郷して訪れるには億劫なところであり、一年ほど預けられたことのある辻川の三木拙二氏家宅にゆく以外にないのだが、その家も世の中の変遷に合って寂しい生活になってゐるので行って慰めたいとは思いながらもなかなか訪れにくいといった状態にあるのだから、なみの人の故郷と私の場合とは余程違ったものがある。」(「故郷七十年」『柳田国男集』別巻第三　筑摩書房、昭和三十九年、八頁)

柳田は生れ故郷を訪れてもただそこで生れたというだけであって、しっくりくる場所もなくじつに居心地がわるいのである。多くの人が味わうであろう「故郷の味」を彼はしみじみと味わうことはなかった。もっとも柳田が「なみの人の故郷」といっているのはあくまでも彼の理想郷であり、国家が作為した故郷像のことである。

柳田は兵庫県神東郡田原村辻川というところに明治八年に生れている。「柳田」とは、養子先の名字で、もとは「松岡」姓である。松岡家は代々医業を職業としてきた。国男の父である操もその仕事を継ぎながら、儒学を学び、学校の先生や神官などもつとめていた。

柳田の家は地元に農地をもった土着の農民ではなかった。このことはムラと個人との関係において、じつに大きな意味をもつことになる。中井信彦は次のようにのべている。

「家は松岡家のものであったけれども、土地は三木家からの借地であったのである。「日本一小さい家」は、自己の土地にではなく、借地の上に建てられていたことを、戸籍帳は静かに語っているのである。」（『歴史学的方法の基準』塙書房、昭和四十八年、五八〜五九頁）

小石を投げつけられたり、村八分的極端な差別を受けたわけではないが、その土地にベッタリと土着した人間とは違っていたのである。しかも、国男自身は次のように転々と住む場所を変えている。

「柳翁自身は幼ないころから、各地の寺からの貰い受け話にしばしばおびやかされ、十歳のときには生地辻川を離れて母の生地北条に移り、さらに翌年には約一年の間辻川の三木家に預けられ、ついで茨城県の利根川布川、さらに東京へと転々の少年期を

送ったのだった」（宮崎修二朗『柳田国男その原郷』朝日新聞社　昭和五十三年　一三頁）

このような環境に置かれていた少年国男は、当然のことながら、ムラの子どもたちと群れをなして遊ぶこともなく、土地の氏神を中心としたムラの祭の交歓に酔いしれることもなく、それらを突き放すような心情が支配したとしても不思議ではない。

山川草木だけが柳田を包んでくれた。その思いだけが彼にとっての故郷に寄せる感情であった。

次のような文章は、柳田のムラ人にたいする屈折した気持がよくあらわれている。なつかしさと淋しさとが一つになり、ときとしておもいあがりの感情として縫い上げられていく。

「とくに隣組付合をした人々でも、都会に出た者がやって来られると、鉢巻を取って挨拶しなければならない。つい面倒だから、知らんふりをしてすごしてしまふ。いひかへると私どもが知らん間に上流階級の人になってしまってゐたわけであった。…（略）…故郷といふものが、人間を離れて山水だけになってしまふのであった。これはまことに寂しいことである。ただ私は村といふものを馬鹿にせず、村の成立ちとか変遷とかを自分の村で経験しなくなってからも、他所の村で十分味はふことが出来た

わけである。」（「故郷七十年」『定本柳田国男集』別巻第三　筑摩書房、昭和三十九年、二四〇頁）

自分たちが「上流階級」になっていたとか、他村でムラのことはよく知ることができたとか、こういうことを柳田は羞恥心もなく平然といってのけるのである。ムラ人の冷たい視線を彼らの遠慮深さと間違えるほど思いあがっているのである。こういう話もある。

「さて、現在、その記念館まで建てている辻川の人々の柳田についての評判であるが、表向きは郷土の生んだ偉人といわれていても、柳田を実際に知っている人たちは意外なほど素っ気ない。鼻にこぶしを二つ重ねて、にやりとした人もいた。」（岩本由輝『柳田国男を読み直す』世界思想社、平成二年、一五頁）

いつの間にか「上流階級」の人になった柳田は、なんとしても故郷にたいし目立つ寄贈がしたくなる。これはすでにかなりの人が指摘していることではあるが、故郷の氏神様である鈴の森神社の鳥居の内側にある最初の石柱の巨大さである。今回（平成二十五年八月三日）訪れてみても、その異常さには驚くほかなかった。向かって右が奉・松岡鼎、左が納　柳田国男である。

川本彰はこのことを次のように説いている

「石柱のある場所といい、その大きさといい、彼の生家の社会的地位、家柄からいって異様な目立ちようである。そして、とくに柳田の場合、彼は養子にいってすでに柳田家の人間であった。ムラの論理からいって、石柱にとうぜんきざまれてよいのは、松岡家にとっての大恩人、そして大庄屋という名望家、三木家の名ではなかったか。いくら三木家がひっそくしており、松岡二兄弟が大金を出したといっても、少々異様なことに思われる。よくムラの人たちがそれを許したというのが私の実感である。」

(『日本人と集団主義――土地と血』玉川大学出版部、昭和五十七年、一七〇頁)

ムラの神をムラ人と共有しえない柳田の故郷への思いは、多額の金銭の寄付によっても、なんともなるものではないと思うが、それでも恐らく、いかなる方途であれ、自分は故郷に熱い視線を投げかけ、ムラ人に知ってもらう人間でありたかったのかもしれない。

故郷喪失、半漂泊的人生ということが、当時の人間にとって、どんなに切ないものであったかは、今日の私たちには理解しがたいことかもしれない。

いずれにしても、このことが柳田の学問、思想形成上で、きわめて大きな意味をもっていることは間違いなかろう。

## 安永寿延の柳田の故郷喪失論

安永寿延は、柳田の故郷喪失と彼の学問の関係を次のようにのべている。

「彼にとって故郷は、少年の時に失った母親の面影に似たものがあり、その生涯は、追憶のヴェイルの奥にかそけく秘められた亡き母の面影を現し身の女性の間に求める男のさすらいに似たものがあった。事実、『雪国の春』や『豆の葉と太陽』に見られる、滅びゆくものへのかぎりない愛惜の情をこめた美しい漂泊のリリシズムが、あるいは柳田学に先行し、あるいは常にそれと並行していた。…（略）…明治のナショナリズムの流れの中に発生した、特異な故郷喪失者のひたむきな自己恢復を媒介とした民族の発見へといたる歩みの中にこそ、柳田学の本質をとく鍵を求めるべきであろう。」

（『伝承の論理―日本のエートスの構造』未来社、昭和四十年、二九九～三〇〇頁）

生地を離れ、各地を転々とせざるをえなかった人間が、幻想としての故郷を追い求めようとするとき、現実の毒や矛盾は後方に退却し、あるいは消去され、いきおいその故郷は拡大して、美しい祖国、民族に飛翔してしまうことがある。思っても思っても満たされることのない故郷への思いは、ムラ人の誰れに気をつかうこともない抽象的祖国や民族へと移ってゆくのである。

一方で柳田はムラの弊害の一つともいえる煩わしい人間関係や土地制度の矛盾などこ

自分の問題としては頭を悩ますことはなかったが、他方、ムラ全体で共有するハレの日の興奮の渦などを経験することはなかったであろう。つまり、彼は偏狭で強力なムラの呪縛に悩むことはなかったが、郷土を絶対的価値として、外部に抗していく世界のあることも認識することはなかったのである。郷土、ムラはいつも国家などに利用されるばかりではない。ムラが牙をむき、国家を相対化することもありうる。

柳田はムラに帰っても、親類縁者もいない。山の上から変形していくムラの姿を見るのみで、山や川が故郷であり、ムラ人全体が友だちだった（そう思いたかった）。「ムラ人全体」と「日本人全体」との距離は、そう遠く離れている話ではあるまい。故郷のなかで蓄積された怨念や憎悪の感情の根源に目を向けることよりも、柳田のおもいは国家のお気に入りの郷土、故郷を抱擁するものとなる。

ムラに住まいする人々が、幾十年、幾百年と積み重ねてきた諸々の情念は、ムラの掟となって個人を束縛し押し殺すが、ときとしてそれはムラ人を守るために外部勢力（国家や支配権力）にたいし、反撃の志向をもつことがある。

柳田はムラにたいし、どういう関係者として存在しえたのか。次のように指摘する人がいる。

「柳田の故郷への愛は、現実の故郷によっては受けとめられも、報いられも、しないものであった。そこで彼の郷土愛は拡散して、彼の郷土の構成要素が発見できる日本全土におよぶことになる。受けとめてくれる故郷があったならば、ひとまず郷土愛として定着し、そこから政治的な地方主義にまで発展しえたかも知れないものが、個別的な安住地を与えられなかったために、ナショナルな普遍に向けて拡散してしまったのである。」(三輪公忠『地方主義の研究』南窓社、昭和五十年、六四頁)

柳田の故郷へのこだわりは彼の研究は別として、自分の心の空白を埋めるもので、実態はほとんどなく観念的なものであった。したがって、実体験のなかからわりだした故郷への思いはきわめて希薄である。そのために、その具体的土地から湧出してくるムラの体液を自分のものにすることはなかつた。

したがって、よかれあしかれ、そのムラを拠点にして、そこに固執して、近代や中央や国家を撃つという姿勢は生れず、逆にそれらを補ったり支援したりする方向へ飛んでいくのである。

## 柳田の郷土研究

すでに何度も指摘されてきたことではあるが、柳田が郷土研究というとき、彼は郷土そのものの研究を目的としていたわけではない。それは郷土研究を手段にして日本人全体の生活、日本全体の辿って来た道を知ることであった。そこには彼独自の国家像、国民像がすでに存在していて、その構成要素を郷土から収集するというものではなかったか。

そういうことだとすれば、柳田がえがく故郷、郷土は〝山は青きふるさと〟〝水は清きふるさと〟の部分が巨大化され、文部省唱歌として唄われた作為的故郷、郷土と等価なものとなるし、なつかしさのなかに地主—小作の対立や貧困の部分は消されてゆく。民俗学というものが、なぜ「御趣味」の学問に堕落したかと問いかけ、次のような厳しい指摘をしている人がいる。

「一九二〇年代から三〇年代にかけて地主対小作人という階級的な対立の問題がまさに眼前に展開されていることをみすえながら、「日本の地主階級なる者の大多数は、必ずしも富を頼み力を誇る様な理論的さく取者で無」(『小作問題の推移』)かったといってのけ、「此国民が久遠の歳月に亙って、村で互に助けて辛うじて活きて来た」(『都市と農村』)ことの強調にのみ力を入れるという、柳田自身の体質のなかにあったのである。…(略)…ひたすら民衆の生活の牧歌性を過去にさかのぼって説くことに終始するという体質を柳田によって扶植されたのである。」(岩本由輝『柳田民俗学と天皇制』吉川弘文館、平成四年、二〜三頁)

柳田はムラにおいて自然に生れる感情を幸か不幸かもちえず、幻想にちかい作為的なものをもってそれにかえざるをえなかった。ムラに執着できない柳田はストレートに日本全体に思いを馳せたのであろう。

この具体的郷土から抽象的国家に向けて拡散してゆく柳田の志向は、彼の学問のキーワードともいうべき「常民」と強くかかわることになる。

## 農民と常民

農政学時代の具体的「農民」というものが、民俗学に移行してからは「常民」となる。伊藤幹治はこのことを次のように説明している。

「『農民』が、都市と農村を含む地域社会としての郷土を舞台としているのに対して、『常民』は郷土を部分社会とする全体としての国民社会を舞台としている。…（略）…このように、《柳田学》の主役が実体概念から抽象概念に変貌し、その舞台が郷土から国民社会へと移行したことは、柳田の視点に次のような変化が生じたことを意味している。それは、『農民』を媒介とした郷土性の追求から『常民』を媒介とするエートノス（民族性）の討究への変容ということである。」（『柳田国男―学問と視点』潮出版、昭和五十年、六〇～六一頁）

伊藤の指摘しているように、常民という概念は柳田民俗学の中心的ワードになり、これが彼のナショナリズムと強いつながりをもつことになったのはいうまでもない。

郷土にたいする思いも柳田独自のものであるが、彼の国家観も独特のものである。マルクス主義的国家観でもなければ、社会契約的なものでもない。いかなる対立をも避けて通れるような国家観である。

国家というものは、この世に生存している者の独占物ではなく、あの世の人々もまた、これからこの世に生れてくるであろう人々にとっても強くかかわる存在であるとの認識が柳田にはある。また、階級の利益からも、超然独立しているものだという。

「国民の過半数若くは国民中の有力なる階級の希望の集合は決して国家夫自身の希望すべきものなりといふ能はざればなり、語を代えて言はば私益の総計は即ち公益には非ざればなり、極端なる場合を想像せば、仮令一時代の国民が全数を挙りて希望する事柄なりとも、必しも之を以て直ちに国の政策とは為すべからず、何とならば国家が其存立に因りて代表し、且つ利益を防衛すべき人民は、現時に生存するもののみには非ず、後世万々年の間に出産すべき国民も、亦之と共に集合して国家を構成するものなればなり、」(「農政学」『定本柳田国男集』第二十八巻　筑摩書房、昭和三十九年、一九五〜一九六頁)

柳田は国家を権力支配の道具としてみるようなものでもなければ、社会契約的なものとみるのでもない。他界した人も、これからこの世に生を受ける人も同様に国家を構成する人間であるという考え方は、例のイギリスの保守主義者と呼ばれるエドマンド・バークの国家観に近似している。

橋川は柳田を日本の純粋な保守主義者と称し、次のようにのべている。

「われわれは彼のうちに、バークからヘーゲルにいたるヨーロッパ近代の保守主義と共通する幾つかの性格をかなり容易に指摘することができる。日本の『保守』主義の論理は、しばしばそのまま「反動」主義と結びつく場合が多かったと考えられるが、われわれは、柳田において、保守がその本来的な意味と機能を玲瓏と展開しえた幸福な例証を見ることができる。」(「保守主義と転向」『橋川文三著作集』(6)筑摩書房、昭和六十一年、五五頁)

そして、バークの『フランス革命についての諸考察』から次の個所を引用している。

「それ、(＝国家)は、すべての科学における、合同事業であり、すべての学芸における、合同事業、あらゆる徳、あらゆる完成における、合同事業である。このような合同事業の目的は、おおくの世代によっても達成されえないから、それは、いきている人々だけのあいだの合同事業ではなく、いきている人々と、しんだ人々と、うまれて

くる人々のあいだの合同事業である。」（『フランス革命についての諸考察』〈水田洋訳〉河出書房、昭和三十二年）

## 松永伍一の「籠り」の思想

松永伍一は、「『籠り』の思想」という文章を書いている。

「燈明を一本立てて寺や祠や神社や洞窟に籠るものは、決して他者への配慮などをもってはならない。…（略）…ふたを開けてはならないという禁欲性がその中味を〈危険なもの〉にさせるように、外部に対しておのれを「開かずの箱」としてふたを開けずにおけば、おのれの〈亡命的自由〉は〈危険なもの〉としての価値をもつのである。治外法権としての〈情念の自治区〉が思想的意味を所有しはじめる条件は、この〈危険なもの〉でなくてはならない。つまり単なるユートピアであってはならないのだ。」（『原初の闇へ』春秋社、昭和四十六年、一六頁）

柳田民俗学の仕事が民衆の信仰世界、つまり家とか祖先とか神道の解明にあったことはいうまでもない。神道史の研究といっても、平田篤胤流のようなものではなく、民衆の日常生活のなかに見られる神との交流に重きを置くものである。ムラのなかに住まいする人々の心のなかに氏神信仰はどのような位置を占め、どのようなはたらきをしていうである。

民衆にとって氏神とは次のような存在だったと柳田はいう。氏神の威力についてはこたのか、ここに柳田の大きな関心の一つがあった。

「村落の安寧幸福は、一に地神の意志一つであるかの如くに凡人は考へて居ったのである。此思想は、仏教並に所謂修験道の影響によって、千年の間に大分の変形を見たけれども、結局する所、氏神といふもの、村民に対する威力は、先づ完全に今日まで維持されて来たのである。」（「塚と森の話」『定本柳田国男集』第十二巻　筑摩書房、昭和三十八年、四六一頁）

また彼は人間の一生にとっての氏神との交流については次のようにのべている。

「生まれて三十日目の初出の日には、産土神の御社に参らぬ者は一人も無く、七つの歳に潔斎をさせて、改めて氏子入りをさせて居た土地も多いのであります。海外の旅行の出立と帰着にも、都市のまん中でもなほ氏神社の祭典が行はれて居ます。日頃改まった願掛けはせぬ者でも、不思議に命を助かったといふ場合には、先づ氏神様に礼参りをして居ります。…（略）…何代とも算へられぬ祖先の世から、人は生まれるとすぐ御目見えをして、毎日のやうに境内に来て遊びました。親祖父母以外に子供の成長ぶりを、又はどういふ心願が胸に萌して居るかを、氏神さまのやうによく御存じの方は、他に無いと考へられて居たのであります。」（「神道と民俗学」『定本柳田国男集』第十巻　筑摩書房、昭和三十七年、三二八頁）

なにかにつけ、ムラ人たちの精神生活は、この氏神との接触、交流によって保たれていて、これこそが、日本固有の信仰で、いかなる外部勢力をも排除してきたと柳田はいう。

## 神社合併政策

多くの民衆の日常のなかに食い込んでいたこの氏神信仰に、あるとき激震が走った。明治末期のことであるが、明治国家は神社合併政策という挙にでたのである。統合の対象とされたのは、外見上きわめて小さな神社で、表向きは、神社設備の充実とか、ムラ人の経費負担の軽減、敬神の情の深化拡大などをあげているが、明治国家のねらいはそんなところにありはしなかった。ムラ人たちのもっとも深いところに宿る信仰心意の世界に侵入し、その世界をそのまま国家中心の信仰につなげていこうとするものであった。

ムラ人がもっとも深いところで依拠している信仰をバラバラにすると同時に、国家目的に沿う方向での神道に直結させることがこの政策のねらいであった。

この時期、国家と個人の間にどのような問題が浮上していたかというと、一口でいえば個人の国家離れ現象であった。日露戦争以降、国家は栄光の道を歩めども、個人の暮しはそれとは逆で困窮するばかりであった。ムラ人の期待を裏切った国家への忠誠観はいちじるしく希薄となっていった。つまり、個人的利益、私的利益優先の雰囲気が充満するにいたる。こうなれば国家は統治上の機能不全をおこすことは必至である。この機能不全を立て直そうとして、明治国家は諸々の政策を打ち出す。その一つがムラ人の日常に密着している信仰の根を国家が用意する器に植え換えようとするこの合併政策であった。

合併の一端は次のようなものであった。

「地方当局は、内務省の意をうけて、半強制的に、規模が不十分であったり、奉仕の態勢ができていない小神社を、適宜、他社に合併させ、原則として村社は行政村ごとに一社、無格社は、旧村（字）に一ないし数社に減らす方針を強行した。…（略）…大正初年までには約八万の村社、無格社クラスの神社が合併または廃止され、神社総数は一挙に十一万余社に激減した。合併は、官僚の指導で強引に進められ、稲荷、八幡、金比羅、天神の四社を合併して稲八金天神社をつくるという極端な事例もあったという。」（村上重良『国家神道』岩波書店、昭和四十五年、一六七頁）

各地域の土地、その森、その祠と一体となって、はじめて味わうことのできるムラ人たちの信仰世界を破壊し、さまざまな屁理屈をもってきては、この策を強行した国家にたいし、柳田はどういう構えをしたか。地元の氏神を中心とした諸々の祭祀に関し、燃えあがるような情熱をたぎらせたことのない柳田ではあったが、この権力による神社合併政策の強行が、ムラ人たちの幸福をどれほど奪うものであるかを観念の世界では理解しえていたのである。神社を行政上の都合で、移転させたり、統廃合したりすることによって、ムラ人たちはどれほど大きな精神的打撃を受けるかということを彼は懸念していた。

柳田は次のようなことをいっている。

「村開発の最初に於いて、我々の祖先が亀卜に聞き、神託に問うて始めて決定した神社の地といふものは、無造作に引越すべき性質のものでない。……（略）……既に年久しく我々の祀て来た神は、迚も簡単なる方法を以て之を移すといふことは出来る筈のものではない。何となれば我々が神として斉くものは、根源の思想に遡っていへば、御神体でもなければ、社殿では勿論なく、其土地夫自身、其土地の上に繁茂する森自身である。」（「塚と森の話」前掲書、四六五頁）

ムラ人の精神生活を包摂していた土着の神を破壊し、ムラ人の全信仰を国家目的の方向に結びつけようとする権力のねらいを柳田は知っていた。

ここで、私が考えてみたいのは、国家が強行する神社合併政策にたいし、柳田は南方熊楠ほどではないが、かなりの批判をしてきた。それは、民衆の土俗信仰を国家が統一しようとする信仰にまとめあげようとすることへの抵抗であったように思われる。しかし、彼は土着の氏神信仰（各地域独自の）をもって、国家側からの神道にたいして、正面から対立しているのであろうか。

たしかに、ムラ人の深層心理に宿っていた信仰をまるごと収奪しようとする国家の画一的統制にたいして、柳田はムラ人の氏神信仰を尊重し、国家支配の論理による宗教統制とは違った主張をしている。

しかし、ここで注目しておきたいのは、柳田が氏神信仰を一般化し、日本固有、民族固有の信仰であり、国民生活の精神的支えであるとしていることである。

国家が国民に押しつけようとした神道が、画一的であるということはいうまでもないが、それに対抗するかのように見える柳田の氏神観も画一的なものに見えてしまう。

その土地、土地の氏神信仰は、もともとその地域のものであり、そこに住まうムラ人もそれぞれのかかわりかたをしていた。それらが、どれもこれも同じであるはずがない。

柳田も氏神とムラ人との関係が画一的なものでないということはよく承知していたのである。それぞれ異ったもの、異った関係を、なぜ柳田は日本民族の固有のものというのか。それぞれの地域に存在する土俗信仰というものは、国家そのものより古い。それぞれの地域の土俗信仰は太古の昔から連綿として続いてきたものである。それぞれ異って土着していたものを柳田はなぜ日本民族、日本人固有のものというのか、いわざるをえないのか。

故郷における氏神と一体化した生活体験のない柳田には、氏神というものを一括して抽象的、普遍的なものにしたかったのか。それは国家がつくりあげる神道ではないが、柳田流の日本人固有の、日本民族固有のものにしたかったのであろう。それぞれ地域に存在する氏神やそれに寄せるムラ人の感情が、どれもこれも同じであるはずがない。それぞれが独自の世界で呼吸しているのである。

そういうものを、どうやって共通のもの、共同的なものにしようというのか。長い歴史のなかで継承されてきたものの特殊性はそのままでいいではないか。それを何故普遍化したり、一般化したりするのであろうか。

柳田は現存する雑多な民間信仰を、日本人固有のものとして、宗教意識の統一をはかろうとする。やはり彼にはある一つの前提となる国民統一像というものがあって、そこに宗教意識も持ち込もうとしているように思える。

ムラ人たちは自分たちの神を深い闇のなかに置くことによって、わが身を守ることを知っていた。

柳田にはこの闇の部分の土着性というものが、いま一つ実感としては理解しえなかったのかもしれない。

故郷喪失者柳田がどんなに郷土性を唄っても、それは郷土のためのものではなく、日本全体のための手段でしかなかった。

故郷を日本全土、日本国家にもとめたように、彼は郷土の氏神信仰を全国共通のものにすべく、ムラ人の自覚を欲したように思う。

柳田には、はじめから郷土定着の論理がないのである。徹底した郷土主義があれば、そのことから発せられる諸々の方向性があるはずである。しかし、彼の場合、郷土意識の希薄さからくる不安定さを、いきおい普遍にもとめ、国家にもとめるようなところがある。

柳田のナショナリズムへの方向性の淵源の一つはここにあるかもしれない。

## 主要参考・引用文献


石田郁夫『土俗と解放 — 差別と支配の構造 — 』社会評論社、昭和五十年

松永伍一『ふるさと考』講談社、昭和五十年、『原初の闇へ』春秋社、昭和四十六年

柳田国男「故郷七十年」『定本柳田国男集』別巻第三、筑摩書房、昭和三十九年、「農政学」『定本柳田国男集』第二十八巻、筑摩書房、昭和三十九年、「塚と森の話」『定本柳田国男集』第十二巻、筑摩書房、昭和三十八年「神道と民俗学」『定本柳田国男集』第十巻、筑摩書房、昭和三十七年

中井信彦『歴史学的方法の基準』塙書房、昭和四十八年

宮崎修二朗『柳田国男その原郷』朝日新聞社、昭和五十三年
岩本由輝『柳田国男を読み直す』世界思想社、平成二年、『柳田民俗学と天皇制』吉川弘文館、
平成四年
川本彰『日本人と集団主義—土地と血』玉川大学出版部、昭和五十七年
安永寿延『伝承の論理—日本のエートスの構造』未来社、昭和四十年
三輪公忠『地方主義の研究』南窓社、昭和五十年
伊藤幹治『柳田国男—学問と視点』潮出版、昭和五十年
村上重良『国家神道』岩波書店、昭和四十五年
中村哲『柳田国男の思想』法政大学出版局、昭和四十二年
橋川文三『ナショナリズム—その神話と論理』紀伊国屋書店、昭和四十三年
川田稔『柳田国男の思想史的研究』未来社、昭和六十年
『橋川文三著作集』（6）筑摩書房、昭和六十一年
エドマンド・バーク『フランス革命についての諸考察』〈水田洋訳〉河出書房、昭和
三十二年

# 祖先崇拝と御霊信仰

## 祖先崇拝と天皇制

日本人が日常的に大切にしている信仰の一つに祖先崇拝があるということを否定する人はいまい。いついかなるときも、日本人は先祖の霊を大切にする。良いことをして先祖に喜んでもらう、悪事をはたらけば、先祖に申し訳がないということは、各人を内面から拘束する一つの大きな枠となっている。

死してのちも、なおその霊魂は家の近くにいて、遠く離れることはなく、子孫たちの幸福やその家の繁栄を願っていると理解されてきた。

「神と個人」という関係ではなく、「先祖と私」という関係が、日本人の行動規範になってきたのである。いかなる外圧にさらされようとも、先祖を心から崇拝し、祀るという行為は捨てきれないのである。家や家財道具すべてを喪失しても、先祖の位牌だけは後生大事にして、身につけて離さない。

柳田国男が「家永続の願ひ」のなかで次のような話をとりあげている。

「珍しい事実が新聞には時々伝へられる。門司では師走なかばの寒い雨の日に、九十五歳になるといふ老人が只一人傘一本も持たずにとぼ〳〵と町をあるいて居た。警察署に連れて来て保護を加へると、荷物とては背に負うた風呂敷包みの中に、たゞ四十五枚の位牌があるばかりだったといふ記事が、ちやうど一年前の朝日新聞に出て居る。斯んな年寄の旅をさまよふ者にも、尚どうしても祭らなければならぬ祖霊があっ

たのである。」（『定本・柳田国男集』第二十四巻、筑摩書房、昭和三十八年、三〇七頁）

また柳田は個人的感情を吐露しつつ、次のような死後の世界を夢見ている。多くの国家では、死は旅立ちを意味し、こちらへ帰ることはないのであるが、わが国は違うという。違うというより、柳田はそうあって欲しいと願っているのである。

「魂の行くへ」のなかで彼はこういう。

「日本を囲繞したさま〲の民族でも、死ねば途方もなく遠い〱処へ、旅立ってしまふといふ思想が、精粗幾通りもの形を以て、大よそ行きわたって居る。独りかういふ中に於てこの島々にのみ、死んでも死んでも同じ国土を離れず、しかも故郷の山の高みから、永く子孫の生業を見守り、その繁栄と勤勉とを顧念して居るものと考へだしたことは、いつの世の文化の所産であるかは知らず、限りもなくなつかしいことである。…（略）…魂になってもなほ生涯の地に留まるといふ想像は、自分も日本人であるが故か、私には至極楽しく感じられる。」（『定本柳田国男集』第十五巻、筑摩書房、昭和三十八年、五六〇～五六一頁）

柳田が八十八年の生涯をかけて追い求めたものの一つに、日本人の信仰心意の世界があったことはいうまでもない。

そのなかで、祖先崇拝に関する彼の注目は、異常ともいえるほどの執着の強いものであった。このあたりのことは、多くの人が指摘しているところであるが、儒教や仏教などのかかわっている点を極力排除して、平田篤胤流の神道家であった父親の影響を少なからず受けているのであろう。

この家の環境からくるものが柳田個人の心の深いところから発露し、情念のようになって祖先崇拝への過剰な思い込みとなっている。この点にふれて中村哲は次のようにのべている。

「柳田の場合にはフレーザーに多くを負うており、トーテミズム的な痕跡をしばしばみとめているのであるが、それを日本の場合には祖先崇拝を強調するあまり、背後におしやってしまっている。…（略）…それは家父長制に結びつく祖先崇拝を過去にさかのぼって理由づけようという柳田のイデオロギー的な作為とみられる。…（略）…柳田のいう民俗学は祖先崇拝を核心とするという規定づけをして、自ら動きのとれないものにしているように思われる。それには、なんといっても、柳田自身の祖霊に対する敬心と、この後のものへの祖先崇拝の願望があるからであって、ここに柳田民俗学の特徴があるようにみえる。」（中村哲『柳田国男の思想』法政大学出版局、昭和四十二年、八九〜九〇頁）

柳田の祖先崇拝に寄せる情熱の淵源がいかなるものであるかについては、ここで深く問うことはしないが、これまで日本人の固有信仰の一つとして祖先崇拝があげられ、このことを軸にしながら、日本人の死生観や霊魂のゆくえ、また、天皇信仰などといった日本人の精神世界の究明がこころみられてきたことは否定できない。

たしかに、柳田の学問とは別に、この祖先崇拝とムラの氏神信仰とが日本人の精神世界を支える大きなものであったことは間違いない。

特に家族主義的国家観にとって、この祖先の問題はきわめて重大なものであった。家父長制の延長線上に天皇制を置くという作為思想を強化するために、国家としても、祖先への敬心の情を強める必要があった。

死に際して人は、可愛い子や孫に囲まれ、他界してからも、やさしい彼らに追慕され、祭祀によって、祖霊になってゆくという幸福な道を通りたいと考えている。

もともと、この死後の世界への期待は、国家権力によって作為されたものではなく、日本人の自然の感情として存在していたものである。しかし、その自然の感情、信仰心意の世界が、天皇信仰の世界に吸引されてゆくのである。

祖先崇拝はもともとそれ自体としては、それぞれの家の個別の先祖を祀るというものであって、それがそのまま天皇信仰につながってゆくものではない。むしろ強力な祖先崇拝は、天皇制支配の阻害要因となる傾向もないことはない。しかし、この両者をリンクする神話がつくられ、両者は縫い目が判別できないほど巧妙な制度がつくられてしまうのである。こうして祖先崇拝と天皇制とは連続することになる。これが天皇制の呪縛構造というものである。

## 日本の精神史にみる「崇りの思想」

ところで、祖先崇拝が多くの日本人のなかに宿る精神的支柱であることは間違いないところであるが、生者はこの先祖を敬い、また死者の霊は生者の温かい愛情につつまれ、おだやかな雰囲気のなかでいつも鎮まっているという世界があるだけではない。

なかには祀ってくれる人は誰れもなく、いつまでもいつまでも彷徨い続け、淋しい思いをしている霊もある。また、理不尽な死を強要され、いつの日か自分を死に追いやった者を呪い殺そうと、その機会を虎視眈々とねらっている霊もある。永久に祖霊になれない、彷徨える霊の誕生と蠢きがそこにはある。これらの霊は、落ち着くところもなく、ふわふわと遊泳しながら、この世の勝者、生者にまとわりつき、諸々の祟りをもたらすのである。

さまざまな状況のなかで、無念の思いを抱いて敵の前に斃れねばならなかった者の怨恨と呪詛は、勝者としてこの世でのうのうと生きている人間にまとわりつき、執拗に苦しめ、悩ませ、呪い殺したいと願っている。

理不尽な虐待のなかで斃れていった人たちの霊が浮かばれるのは、深い闇のなかにいて、今生の快楽をむさぼっている勝者、生者を、その闇のなかに引きずり込むときである。なんとしてもそうしたいと願っているのである。

鬼気せまるこの怨霊に恐愕する勝者、生者は、敗者、死者にたいして、繰り返し繰り返し頭を下げ、許しを乞いながら、もうこれ以上祟らないで欲しいと懇願するのである。勝者の論理が貫徹しているヨーロッパなどでは、敗北した者を勝者が許し、勝者が敗者に同情することはあっても、勝者が何度も頭を下げ、敗者に謝り、許しを乞うことはない。

日本の精神史には、それがあるのである。死者が生者を、敗者が勝者を自分の思い通りに操り、支配するという不思議な歴史が裏側に存在する。

谷川健一は『魔の系譜』のなかで、死者の霊が生者、勝者を支配するという、いわば日本歴史の裏側の部分を鮮かに描いてみせた。

彼はこういう。

「普遍的な発展の法則にしたがっている日本歴史の裏側に、もう一つ奇怪至極な流れがある。それは死者の魔が支配する歴史だ。…（略）…この魔の伝承の歴史―をぬきにして、私は日本の歴史を語れないと思うのだ。しかも、このばあい、死者は敗者であり、生者は勝者なのだ。弱者が強者を、夜が昼を支配することがあっていいものか。弱肉強食が鉄則になっているヨーロッパの社会などでは考えられないことだが、敗者が勝者を支配し、死者が生者を支配することが、わが国の歴史では、れんめんとつづいている。この奇妙な倒錯をみとめないものは、日本の歴史の底流を理解することはできない。」（『魔の系譜』講談社、昭和五十九年、一二頁）

谷川は皇位継承をめぐる歴史のなかで、悲哀の頂点に立つともいえる崇徳上皇の例をもちだしている。

「明治と年号が改元される半月ばかりまえ、慶応四年八月二十五日、明治天皇の勅使、大納言源朝臣通富、副使三条左少将は讃岐に下向した。…（略）…天皇即位の翌日から懸案になっていた崇徳上皇の御神霊を京都にむかえたてまつるためである。」（同前書、五二頁）

谷川の言を続けて引いておこう。

「二十八日に坂出港を出発、九月五日に京都に還った。高松藩主松平頼聰が命を受けて、伏見に奉迎し、神輿にしたがった。飛鳥井町の新しい神廟に、崇徳上皇の神霊は祀られた。じつに帝の死後七百五年目のことである。」（同前書、五三～五四頁）

谷川の指摘によれば、この崇徳上皇の怨霊は、七百年以上も怒り狂っていたことになる。崇徳上皇の怒りには、それなりの理由があったのである。彼は生れながらにして不幸を背負っていた。不遇な人生を歩むことになっていたのである。崇徳は鳥羽天皇の子ということになってはいるが、実の父親は白河法皇であって、実母は、鳥羽天皇の妃璋子であった。このように、生れたときから、鳥羽と崇徳との間には宿命的な確執が存在していたのである。

崇徳は五歳のとき、一度皇位につくが、やがて鳥羽の末弟の近衛に譲位させられる。崇徳が三十八歳のとき、近衛が他界したが、後白河が即位する。崇徳はこのように、皇位をめぐって無視され、辛酸をなめた。

保元一年（一一五六）、崇徳と後白河との対立となって爆発したのが「保元の乱」である。崇徳側はあっという間に敗北を喫し、彼は讃岐に流される。その後も彼の思いは中央には届かず、四十六歳の若さで他界する。

上田秋成の『雨月物語』の「白峯」に、西行が讃岐の白峯にある崇徳上皇の墓を訪れる場面がある。西行は真心をつくして崇徳上皇に次のようにいう。

「濁世《ぢょくせ》を厭離《えんり》し給ひつることのうらやましく侍りてこそ、今夜《こよひ》の法施《ほうせ》に随縁《ずゐえん》したてまつるを、現形《げぎやう》し給ふはありがたくも悲しき御こころにし侍り。ひたぶるに隔生即忘《きやくしやうそくもう》して、仏果円満《ぶつくわゑんまん》の位《くらゐ》に昇らせ給へと、情《こころ》をつくして諫《いさ》め奉る。」（『雨月物語』鵜月洋訳、

角川書店、平成十八年、一九二頁)

ところが、崇徳は西行の諫言に耳を貸すことはなく、軽くあしらい、声高に笑って次のようにいったという。

「新院呵々《から》と笑はせ給ひ、汝《なんじ》しらず、近来《ごろ》の世の乱《みだれ》は朕《わ》がなす事《わざ》なり。生きてありし日より魔道にこころざしをかたぶけて、平治《へいぢ》の乱《みだれ》を発《おこ》さしめ、死して猶《(なほ)》朝家《てうか》に祟《たたり》をなす。見よ見よ、やがて天《あめ》が下《した》に大乱を生ぜしめん、といふ。」(同前書、一九二～一九三頁)

また、西行は「保元の乱」について、これは公憤か私憤か、つまり天下のためか、それとも我欲のためかと聞く。崇徳は次のような言葉を発したという。

「汝聞け、帝位は人の極《きはみ》なり。若《も》し人道上《にんだうかみ》より乱す則《とき》は、天の命《めい》に応じ、民《たみ》の望《のぞみ》に順《したが》うて是を伐《う》つ。」(同前書、一九三頁)

生きながら天狗の姿にまでなって祟る、と『保元物語』にある。

「長寛二年八月廿六日に、御歳四十六にて、志戸《しど》といふ所にて、かくれさせ給《たまひ》けるを、白峯と云所にて烟になし奉る　此君怨念によって　いきながら天狗のすがたにならせ給《たまひ》けるが…」（『保元物語』岩波書店、昭和九年、一〇九頁）

血を見るような抗争は星の数ほどあるが、皇位の継承をめぐる闘いは熾烈をきわめる。讒言、陰謀などによって、してやられた天皇、皇子、その周辺にいる貴族らを巻き込んだ争いが次々と展開される。

謀殺された本人はいうまでもないが、世間一般にたいしても、その怨霊は、はかりしれない災禍をもたらす。一般民衆はその怨霊を恐れはするが、一方でその霊を逆に、ときの支配権力構造にたいしての心情的レジスタンスとして利用する。

貞観五年（八六三）五月三十日の京都神泉苑で開催された御霊会はきわめて有名であるが、これが民間主導のものでないことはいうまでもない。しかし、そうだからといって、民衆の日常生活と無縁であるともいえない。疫病が大流行し、災害が続出することは、民衆にとっても、大きく困惑するところである。しかし、さきにもいったように、民衆はこの怨霊をうまく利用するところもある。非業の死をとげた人物たちの怨霊をこちら側に引き寄せ、日常的欲求不満の解消手段としたり、この威力を借りて鬼となり、権力に対峙することもあった。屈辱の日常のなかで呻吟している民衆にとって、これは強力な武器となるありがたいものでもあった。

雷神の名をほしいままに、怨霊のボスになり、ついに鬼となって世間を震撼させた菅原道真の霊などは、その典型的なものであろう。最後は霊験あらたかなる神として民衆にも愛されることになる。

彼は藤原時平の讒言によって、大宰府に左遷され、断腸の思いを抱きながら没した。道真の怨霊は、雷になって今生の実力者たちを次々と殺害し、また、疫病をはやらせ、天変地異を頻々としておこした。

道真の霊の仕業について次のように語る人がいる。

「道真を西海《さいかい》に追った時平は、以後は朝廷のただ一人の実力者として、意のままに政治を行なうことができた。…（略）…しかし運命はかれに幸いしなかった。延喜九年（九〇九）四月四日かれは三十九歳の働き盛りで没したのである。その前年十月七日には時平を助けて道真の左遷に力を致したと言われる参議藤原菅根《すがね》も卒した。八年・九年・十年と疫病・旱損の年もつづいた。怨霊《おんりょう》を恐れたこの時代の人々は、こういうことで神経を立てずにいられなくなったであろう。…（略）…延長八年（九三〇）六月には、久しく雨がないので請雨《あまごい》のことを議していた清涼殿の上に、俄かに黒雲が起って雷鳴がとどろきわたり、大納言藤原清貫は即死、右中弁平希世《まれよ》は顔を焼き、天皇も病気となった。」（坂本太郎『菅原道真』吉川弘文館、昭和三十七年、一五三〜一五四頁）

御霊信仰と天皇制

この道真の怨霊があたえる社会全体への恐怖の念は年々深化、拡大し、その激しい行為は、体制擁護の倫理的尺度からいえば、反倫理的行為というべきものであった。

表面だけを見れば、この道真の怨霊は天皇制にたいしても矢を放つもののように見える。はたしてそうなのか。それとも、結局は天皇制を強化してゆく一つの巧妙な手段なのか。

一度は天皇制に敵対するかのような姿勢を示し、反倫理的行為を行い、恐ろしいドラマを演ずるが、最終的には、道真のパワーは天皇制の体内に吸収され、さらにそれを強化してゆくことになる。自分の身体が危険にさらされるところまで追いつめさせるが、それはそういう手段をとることによって、天皇制はより堅固なものになってゆくのである。

道真の怨霊は、藤原時平、およびその一派にたいしては激しい怒りを表わすが、それは天皇制そのものにたいするものではない。天皇制がもっている巧妙な構造にたいし、たち打ちできないのである。

政治と宗教という二つの世界を巧妙に渡り歩き、両者をうまく使いわける天皇制の構造を解明してくれた一人に渡辺保がいる。道真の敵が藤原時平一人に限定されてゆき、天皇自身は傷つくことない状況を彼は次のようにのべている。

「責任は全て藤原時平へいき、天皇そのものには傷がつかない。むしろ天皇はそこで時平を支持する側からあるいは時平の書いた政治的筋書きに署名した立場から、方向転換をして、荒ぶる道真の霊をなぐさめ、その災害から民衆を救うための祭主の立場に立つのである。藤原時平は政治的な次元で道真と対応しているのだから、すでに政治的な次元をこえてしまった道真の霊には対応できない。伝説の中で道真の霊に対応するのは、僧侶であり、神官であり、最終的には天皇である。天皇はいわば政治的な面と宗教的な面をもった両棲類であり、責任を追求されるとたちまち宗教的な次元へかくれてしまう。」（『女形の運命』紀伊国屋書店、昭和四十九年、三九頁）

祖先崇拝というものが、天皇信仰、あるいは天皇制支持の精神的基盤になってゆくことは理解しやすいが、怨霊の恐ろしさが王権を支える基盤になることは、少し理解しがたいことかもしれない。しかし、この怨霊の威力が強力であればあるほど、それは最終的に強力な天皇制支持になることを記憶しておく必要がある。

## 主要参考・引用文献

渡辺保『女形の運命』紀伊国屋書店、昭和四十九年
谷川健一『魔の系譜』講談社、昭和五十九年
中村哲『柳田国男の思想』法政大学出版局、昭和四十二年

上田秋成『雨月物語』鵜月洋訳、角川書店、平成十八年
『保元物語』岩波書店、昭和九年
坂本太郎『菅原道真』吉川弘文館、昭和三十七年
後藤総一郎『常民の思想』風媒社、昭和四十九年
村上重良『国家神道』岩波書店、昭和四十五年
『定本柳田国男集』第十巻、第十五巻、第二十四巻、筑摩書房、昭和三十七年、昭和三十八年、昭和三十八年

# ふたたび「教養」を考える

## 日本近代と大学

いまさら、という声もあると思うが、いまこそ確認しておきたいことがある。それは、日本の近代化にとって、大学の存在とはいかなるものであったのかということである。日本の大学はどのような状況下で生れ、育ったものであるのか。一言でいえば近代化の過程で生れ、数々の試練に遭遇してきた。大学が時流から超然としていなければならないなどということは幻想でしかない。

強力な近代国家形成のために貢献することをもって大学の任務とされたのであった。周知のように、ヨーロッパに遅れをとった日本は、列強に追いつき、追い抜くことを至上命令としてかかげ、そのための旗を振り続けることに血道をあげたのである。

富国強兵、殖産興業がスローガンとなり、福沢諭吉のいう「脱亜」が日本の進むべき道となった。福沢が明治十八年に「脱亜論」を書いたのはよく知られているが、彼はいま、ここで隣国の開明を待っている暇はなく、それを脱してヨーロッパの文明国と共に歩むべきだと説いたのである。

福沢のヨーロッパ文明観はここではふれないが、彼はこの文明のことを「麻疹」と呼んでいる。この流行性の強い「麻疹」の侵入を食い止める方途をいまの日本は持ち合わせてはいない。だとすれば、一度この病気に罹ったらいい。そして、この病気の雰囲気になれたらいいという。

日本の近代国家はそれが最善の道であったかどうかは別として、そのような方向に踏み出したのである。この瞬間から、日本にとってアジアは近くて遠い国となったのである。

ヨーロッパ列強と伍してゆくために、異常なスピードで近代化を余儀なくされた日本は焦眉の課題として、優秀な官僚養成と産業、軍事を含む技術者養成がかかげられた。この目的に沿った知識と技術が最優先され、大学の使命も、またそこに置かれることになった。

このとき、すでに日本の大学の役割と限界は明確になっていたのである。この大学の進路にたいし、若干の批判、疑問は呈されることはあったが、強力な国家権力でもってそれらは弾圧され、粉砕されていった。

このような大学の使命は太平洋戦争終了まで続くことになる。

太平洋戦争が終わり、日本の大学は新しい使命をおびることになる。これまでの軍国主義、国家中心主義的流れは中止となり、大学教育の基本的理念は人格の陶冶に置かれた。国家のために忠誠を誓うエリート養成ではなく、豊かな人間性を身につけた市民の養成が最大の目標となったのである。

いうまでもなく、日本は昭和二十年八月十四日、ポツダム宣言を受け入れた。アメリカとイギリスの署名で、中国の同意をえたもので、三国の主脳が対日共同宣言を発したのである。日本軍の武装解除、日本の軍事占領、領土の制限、戦争犯罪人の処罰、民主主義の強化、基本的人権の尊重などがその内容であった。

教育の世界も軍国主義的、国家主義的な色彩が一掃され、基本的人権の尊重を核とした新生日本の礎となるものでなければならなかった。

高等教育に関しては旧制大学の根幹をなしていた専門的、職業的エリート養成が大きく後退し、人格陶冶、人格形成のための人文的教養的なものが拡大され注視されるようになる。

国家的エリート像は後退、否定され、それにかわって善良なる市民養成が主眼となり、これが民主主義教育だとされた。つまり、国家主義的なものから市民中心型への発想の転換であり、これはいわば大学教育の根幹をゆるがすほどの抜本的改革と呼べるものであった。

特に注目すべきは大学における「一般教育 ― 人文・社会・自然」という領域の設置であった。

## 新制大学における「一般教育」

昭和二十二年七月、四十六の大学の発意によって大学基準協会が生れた。昭和二十六年九月には「大学に於ける一般教育 ― 一般教育研究会報告 ―」（最終報告書）が公にされた。

この報告書は三八九頁にわたるもので「緒論」、「人文科学」、「社会科学」、「自然科学」

で構成されていて、その内容については新制大学創建に向けての熱い思いがこめられているうえに、多くの英知が結集されている。

「緒論」のなかの「新制大学の使命」のところは次のように記されている。

「在来の大学は、教育の面ではもっぱら専門教育乃至は職業教育を重視して、いわゆる一般教育の部面を閑却したのである。従ってここでは学問分野は極度に細分され、それらの相互間の交流は殆んど行われず、ひたすら狭い視野の下に、極端に専門分化した職能領域のエキスパート養成に主眼が置かれたのである。しかしかような機構の下で育成された人物は、特定の職能人としては有能であるかも知れないが、真に教養に富み識見のある人物とは云えない。」(『大学に於ける一般教育』大学基準協会、昭和二十六年、三頁)

「大学の目的が明示されているのにも拘らず何故大学の教育が単なる専門(職業)教育に堕したのであろうか。これは、従来の日本にあっては先進国の欧米文化に追従するのに急であって、特殊な専門知識や技能を有するのが社会に重宝がられると共に、優れた専門知識を有する人は人間そのものまで秀でているかの様に自他ともに錯覚を起し、そのために、特に人間の完成という問題を深く掘り下げて考えるということを忘れてしまったところに根本的原因があると思われる。」(同上書、七頁)

先進国、つまりヨーロッパ列強と比肩するという目標のためには、学問の本質がいきおいそういう方向に流れざるをえなかった。この環境のなかでは「信」や「情」の世界は時代の流れに抗するもので、無気味な闇の世界として近代主義者たちにはとらえられた。

近代の合理主義を信仰して突き進んだ結果があの無残な日本列島の廃墟であった。この旧制大学の本質と決別し、新たに深く広い教養を身につけ、良識ある市民の養成に主眼をおいたのが生れかわるべき新生大学であった。良識ある市民の条件とはいかなるものか。大学基準協会は次のような条件を想定していた。

「一、美術、音楽、文学などを鑑賞し得る能力を涵養し、感情の陶冶に努力する人
二、他人の云うことを理解し、自分の意見を有効に表現する人
三、家庭並びに社会生活に於て直面せる諸問題に対し合理的、批判的且つ情味ある判断行為をなし、人生を明朗ならしめる人
四、個人並びに社会の保健衛生に関し、科学的、合理的に判断行為する人
五、対人関係の判断行為が現代の民主社会に適合するように正しく思考する人
六、社会的、経済的、政治的諸問題を正しく批判し解決し、民主社会の進歩発展に貢献する人
七、人と人、国と国との間に真の自由、平和を実現するための基本条件としてどうい

うことが必要であるかを思考する人」（同上書、一〇～一一頁）

職業的専門教育に堕することを極力嫌う精神が湧出している。健康な市民生活の実現を期している。一領域の専門性に拘泥することなく、国内外の情勢を総合的に判断し、世界平和に貢献できる人間の養成である。

この良識ある市民を養成するという目標は実に結構なものであるが、さてこの目標実現のための具体策となると、どうであろうか。

教室における講義中心の教育でこの目標が達成されるであろうか。人文、社会、自然の領域の総合化が必要とされ、そのもとでいかなることに直面しても、的確な判断が可能になるような人物養成が教室内における講義で可能であろうか。

大学基準協会は次のようなことが配慮されなければならないという。

「単に教室内の授業、即ち良きコースプランと良き教授法による教育のみならず、それを補う課外活動も重大な役割をなすものである。即ち図書館の利用、良書や雑誌、新聞の閲読、或いは講演会や音楽会、運動競技会等を催すことが大いに有益である。学生は教室内授業及び課外活動によって学び得た多くの知識に刺戟されて、未解決の問題をも解こうとする意欲を起すに至るであろう。」（同上書、一三頁）

## 職業的専門教育と一般教育

旧制大学にたいし、新制大学の最大の特徴は一般教育の設定であるが、この一般教育と専門教育との関係は重大な問題として、その後引き継がれてゆく。両者の関係は複雑な問題を保持しつつ、解決されることはなかった。最大の誤解は一般教育が専門教育の基礎であり、入門であるとの認識であった。これほど大きな誤解はなかった。しかし、平然としてこの誤解は年月を重ねていった。

一般教育と専門教育の関係は本当は次のように理解されなければならなかったのである。

「新制大学に於ける一般教育は、このような意味の準備教育としてのものでは全然なく、それ自体としての完結性をもった教育である。……（略）……従ってまた一般教育は専門教育に対して一段低い教育というような意味あいのものでは全くないことも明らかである。即ちこの点では両教育の間に段階の高下や価値の優劣はなく、」（同上書、二〇～二一頁）

一般教育は専門教育の基礎であり、入門であるという立場に立てば「工学部」のなかでは自然科学系の教養科目に重きが置かれ「文学部」では人文系の科目に重点が置かれるということになる。

あってはならないことがスタートの時点から生じていた。一般教育は専門教育にたいし、一段低いものとの認識が継続していった。

この誤った理解、認識によって、一般教育担当者はどれほど痛い目にあったことか。この根本的間違いを是正しようとして「一般教育学会」（現在は「大学教育学会」）はそれなりに努力した。またそれぞれの大学においても、間違いなくこの問題は議論が積み重ねられてきたと思う。特に教養部をもつ大学にとっては深刻な問題であった。深刻な問題ではあったが、ついぞ両者の関係が改善されることはなく、専門教育と一般教育の担当者の格差にまで拡大していったのである。

教養部を持つ大学においては、学部教員と教養部教員との間にぬきさしならぬ格差が生じることになった。

教養部教員は授業担当のみの勤務で、その他の業務はほとんどなしというところから、教養部の教員を「ボーナスつきの非常勤講師」と揶揄、嘲弄する空気さえ生れた。

いくつもの学部を擁する総合大学で教養部を持つ大学の場合を考えてみよう。例えば、A、B、C教授は教養部所属とする。A教授は法学部の英語担当、B教授は経済学部の法学担当、C教授は医学部の化学担当といった具合である。

それぞれの学部の教員が担当できる一般教育科目は教養部教員には任せない。つまり、学部教員が優先して担当し、担当しきれない場合に教養部教員に譲るということになる。一般教育科目担当者の指名のみならず、科目の内容まで学部サイドが注文をつけるという有様である。

教養部教員が一般教育の理念など持ち出そうものなら、各学部がよってたかって潰しにかかる。学生は学部の学生であるから、学部の方針に従って教育をしてもらうということである。

一般教育の理念など、はじめから理解しようとは思われなかったのである。

次のようなウソのような本当の話がある。教養部教員が群を抜く研究業績をあげ、その仕事が国内外で広く認められ高く評価されても、その大学のなかでは通用しないという話である。

「彼は一般教育担当者だから」という理由がすべてなのである。

本来、一般教育と専門教育の間にこのような差別を生み出すために、新制大学は出発したのではない。両者は車の車輪のごとく二つで一つであって、優劣をつけるものではなかった。

大学基準協会の基準方針は次のようなものであった。

「新制大学は、教養と職能とが遊離せず、渾然と合一せる人間を社会に提供せんとするものである。しかしこの目的を達するためには、人間的教養に富むよき社会人の育成を直接目標とする一般教育と、有能な専門家乃至職業人の養成を目的とする専門教育とが遊離もしくは機械的に対立せず、やはり互に浸透し合って有機的に総合されて

あることが大切である。」（同上書、二二一頁）

専門教育というものはともすれば、細分化、分割化されてゆく傾向が強い。そうであればこそ、他の領域、全体とのつながりに常に留意していなければ、全体が見えなくなる危険性をかかえている。総合的判断の下での細分化、分割化が必要となってくる。一般教育と専門教育とは、けっして相対立したり矛盾するものではなく、互いに補いあって、はじめて新制大学の教育は存在するのである。

しかし、専門教育万能信仰が拡大して、一般教育は専門教育にとっては不要なもので、その教育を阻害するものだとの極論も生じていた。

学部教員にしてみれば、四年間すべて専門科目で埋めたいところであるが、文部省が枠をきめているので仕方なく一般教育科目を認めているとの大きな誤解がスタート地点から存在していたのである。一般教育科目を認めるにしても、専門科目の基礎につながるものだけであるといった風潮が強かった。

一般教育の大学における積極的意味や地位について、どれほどの大学がどれほどの教員が真剣に検討したであろうか。教養なき職業専門人の実に浅慮な理解と認識が横行し、日本の新生大学が実にくだらないものに堕落していったのである。

大学設置基準が存在している時期はそれでも、人文、社会、自然、外国語、保健体育の最低必要単位数が義務としてあった。学部にとってそれらが邪魔になろうとなるまいと、仕方なく単位数の総計が決まっていた。有機的統一もなく、相互補助的なものもなく、それぞれが存在していたにすぎないが。それでも、一般教育科目の存在はそれなりの意味はあったのだが、その理念の崇高さと現実とは大きくかけ離れ、専門的教育との有機的統一ということも誤解されてゆくしかなかった。

「主」としての専門教育に「従」としての一般教育が役立てば、そのことが有機的だと、多くの大学人が考えた。したがって、文科系学部には人文、社会の一般教育科目を、自然科学系学部には自然科学的科目を置くことで満足していたのである。大学によっては語学教育までが、学部の専門教育につながる教材の使用を強要することもあった。

大学基準協会で掲げた一般教育の理念を現実化、具体化するための思慮深さと強力なエネルギーが一般教育担当者にも、また大学そのものにも不足していたといえる。

## 一般教育実施のための前提

一般教育実施のためには、次のようなことが前提として熟慮されていなければならなかったはずである。

(1) 一般教育担当者にベテランの教員を当てるべきであったが、大半は未熟な若手教員が担当することが多かったのは間違いであった。

（2）一般教育担当者が新制大学の教育課程を十分に理解し、一般教育理念実現に向けての具体策を真剣に探る必要があった。

（3）外国語、保健体育が一般教育と同じ枠内に入り、専門教育と区別されていたが、この外国語と保健体育は独立した教育システムとしてスタートすべきであった。

（4）一般教育担当者の所属する組織は他の学部を超え、大学直属の組織にすべきであった。その組織には教育、研究の実績を積んだ実力者がはじめて所属できることとし、すべての教員が羨望の念を抱くようなものにすべきであった。

（5）高等学校に存在していた科目名（数学、物理、化学、生物、など）は使用すべきではなかった。

（6）一般教育科目の履修年次を一、二年次に集中するのではなく、科目の性格によって検討すべきであった。

（7）一般教育の受講生の数をできるかぎり少数にすべきであった。専門科目の受講生との間に大きな差があってはなるまい。私学の場合、教員が可能なかぎり多くの受講生を引き受けることは経営上、やむをえないこともわかるが、なぜそれが一般教育担当者でなければならないのか。

新制大学の旧制と違う最大の目標は広い教養を身につけ、社会や自然の総合的判断ができ、豊かな人間性を備えた人間を育成することにあったが、そのことはこれまで紹介してきた大学基準協会の『大学に於ける一般教育』に、その基本はほぼ余すところなくのべられている。それらはこれからも大学が責任を持って継続していかねばならぬことである。

しかし、いま私は次のような点を補足しなければならない衝動にかられている。そのことは今日、教養という問題を考えることにつながることでもある。

(1) 教養というものは心の豊かさを養うと同時に、権力に敗北しないという意味を持っていることも再確認しておきたい。国家という力が強制的に抑圧的に押しつけようとする「人間像」に対する抵抗が教養にとって大切なものである。人生の価値、生き甲斐などが国やそれを支援する組織団体などによって強要されてはならない。そのことを見抜く力が教養の一つの役割である。

大学も大学院も、いまや、職業訓練的性格を次第に濃厚にし「信」とか「情」とか「惻隠の情」といったものが、どこかはるか遠くに吹き飛ばされてしまった。権力に従属する道徳や倫理が横行する今日、この風潮に抗してゆくための強力な教養が必要となる。

(2) グローバル・スタンダードについて考えておく必要がある。アメリカン・スタンダードがグローバル・スタンダードだと信じてしまった日本国家、日本人の軽薄な国際感覚に対峙することはかなりのエネルギーがいる。この日本人の信仰にも似たものを打破するために、教養が必要となる。たとえば、国際語といわれている英語を小学生にまで強要し、義務化する方向が是であるという思想に対し、異を唱えるためにはかなりの教養的強力がいる。

英語の学習がグローバル・スタンダードのために必須のものだという信仰にとりつかれた日本的文化人の姿勢に私は強い不信感をもっている。英語教育が私はまったく不必要だというのではない。そうではなく単なる手段である英語というものに日本語や日本文化の魂が奪われてしまうような英語教育が間違っているといいたいのである。日本の英語教育に警告を発する数少ない一人に藤原正彦がいる。彼はこんなことをいっている。

「現在、全国の九割以上の小学校で英語が教えられています。私に言わせれば、小学校から英語を教えることは、日本を滅ぼす最も確実な方法です。公立小学校で英語など教え始めたら、日本から国際人がいなくなります。英語というものは話すための手段に過ぎません。国際的に通用する人間になるには、まずは国語を徹底的に固めなければダメです。表現する手段よりも表現する内容を整える方がずっと重要なのです。」(『国家の品格』新潮社、平成十七年、三九〜四〇頁)

この藤原の発言を「狂気の発言」とする教育者、知識人は無数にいる。そこまでこの日本はひどい国になっているのである。

（3）科学技術文明の発達がもたらした人類への貢献にははかりしれないものがある。しかし、そうであるからといって、そのある局面のみを過大評価するのは誤りであり、それらがもつ限界と陥穽をも同時に認識しておく必要がある。

暴走するこの科学的技術文明にブレーキをかけるものは教養である。この歪みと危険含みの進歩を正常だと判断してやまない風潮に鉄槌を打ちおろし、人間の自然性を取り戻さねばならない。ブレーキがなくアクセルとハンドルだけの車がどれほど危険であるかを考えてみてほしい。

腐敗し、病理が進行してゆく過程が人間の幸福推進の過程と等価であるという考え方が大きな間違いであることを指摘することをもって、私は真の教養といっておきたい。

生産という行為も、それに絶対的価値を置こうとすると、それは腐敗し病理を生むこと必至である。たしかに人間は生きるために、生産活動を営んできた。しかし、それはもともと生存のための手段であって、それ以外の価値を持つものではなかった。近代以降、この経済的価値に限定すべき生産活動、つまり労働というものに高い地位が与えられ、美化され、聖化され、神格化されていった。その方向性に生きる人間のみが評価され、それに役立つ学問のみが重宝がられていった。短期で成果が期待できる学問が尊重され、実践力、実益という名のもとに、大学教育も動くことになる。

そういう状況のなかで、短期で成果のあがらぬ教養は捨て去られる運命にある。そうであるがゆえに、生産活動に唯一の価値を置き、それに向かって時間を費やし、役に立つ学問を奨励すれば、人間は幸福になるという近代主義に強いブレーキをかけるのは教養を除いてはない。

現代文明は科学、技術の文明であると同時に労働の文明である。弱者を支配し、自然を支配する「強力」の論理が横行する文明である。こういう文明をもたらしてしまった人間の精神の根源に目を向け、静かにその前提となるものへの厳しい疑いを抱かなければならない。

（4）教養の問題を考えるにあたり、私はあえて、ここで「老荘」の思想、哲学にふれておきたいと思う。

近代文明が進み、人間は働けば働くほど幸福になるという「伝染病」が猛烈に襲いかかり、現代人の多くは骨の髄まで侵されている。

奥底にある哲学を抜きにした浅慮な実益というものが、どれほど人間の精神を蝕み、荒廃させているか。猛進する今日の大学の趨勢に疑念をさしはさむ思想、哲学が必要となる。つまり、役に立つ学問よりも役に立たない学問の意味を考えてみるということである。

『荘子』のなかに「櫟社《れきしゃ》の散木」という話がある。

大工の棟梁である「匠石」という人が弟子を連れて旅をしている時、ある土地にとてつもない大木を発見した。弟子たちはその大木に驚き称賛した。しかし、棟梁はそれを無視した。無視したのは次のような理由であった。これはただの大きいだけの木であって、何の役にも立たぬ。すなわち舟を作ればすぐ沈み、棺槨を作ればすぐ腐る。器をつくれば速やかにこわれ、柱にすれば虫に食われる。これは用いるところのない単なる大木だと棟梁は言い放った。

棟梁はこの大木をなんの役にも立たない木として軽蔑したが、夜になってその大木の霊が棟梁の夢のなかに登場し、次のように語った。

「匠石帰る、櫟社、夢に見われて曰わく、女将た悪にか予れを比するや。若将た予れを文木に比するか。夫れ柤・梨・橘・柚の果蓏の属、実熟すれば則ち剥られ、則ち辱られ、大枝は折られ小枝は泄かる。此れ其の能を以て其の生を苦しむる者なり。故に其の天年を終えずして、中道に夭し、自ら世俗に掊撃さるる者なり。物是くの若くならざるは莫し。且つ予れの用うべき所なきを為す。予れをして有用たらしめば、且た此の大あるを得んや。」(『荘子』第一冊、内篇、全谷治訳注、岩波書店、

昭和四十六年、一三六〜一三七頁)

## 老荘の思想と教養

老荘の思想がいかなる時代背景のなかから生れたものかについては言及しないが、この役に立たないことをもって、良、是とする考え方は、いま教養を考える場合、きわめて重要なことである。役に立つことが人生の目標であったり、生き甲斐であったりするということの裏には大きな陥穽がある。

国家や企業は作為的にエセ生き甲斐、エセ人生目標を作り、彼らの都合に適合する人間を育成しようとする。

切磋琢磨とか鎬《しのぎ》を削るといったような競争的原理、成果主義、市場原理が人の道であるかのような倫理、道徳がつくられているが、それらの先にいったい何があるのであろう。

生産活動という行為が中心的価値として固定化している社会のなかで、多忙であることは美しいことであり、聖なることであり、絶対的価値としておさまっている。そのことが人間の営みのあらゆる領域にあって、前提となっているかぎり、教育の目標は徹底的労働強化の方向に置かれ、無為、怠惰、遊びは絶滅の方向に追いやられる。

この生産力至上主義、成果主義などにたいして、ブレーキをかけることのできる強い教養というものが今日ほど必要とされていることはない。このような強力な武器としての教養を日本の近代は持ちえたであろうか。残念ながら持ちえなかった。

真の教養というものが定着することはなかったが、私たちは大正教養主義、大正教養派というものを持ったことがある。

それまで人間の基本的生き方としての儒教的道徳がくずれてゆくなかで、生れたものであった。儒教的道徳とは、型であり、規範であり、形式であった。こういう規範がくずれかかったのは日露戦争後のことである。

日清、日露の戦争において、日本は勝利の美酒に酔い、国全体が弛緩状態となった。しかし、勝利したにもかかわらず、民衆の日常生活は楽になることはなく、個人の国家への不信、不満は蓄積し混乱した。個人の関心は国家から私的なものに移り、本能的なものの解放、そしてその対極にあった形式、型、規範の無視、打破の動きが活発化した。修養にたいして教養が浮上したのである。

## 唐木順三の教養論

唐木順三は修養と教養を次のようにのべている。

「それ（教養）は明らかに儒教的な『修養』に対置される概念である。修養といふ文字の古くささに対して教養が如何に新鮮な匂ひをただよはしてゐることか。そこでは『型にはまった』ことが軽蔑せられる。形式主義が斥けられる。そして人類の遺した豊富な文化の花の蜜を自由に、好むままに集める蜜蜂のやうな読書が尊ばれる。そしてその花蜜によって自己の個性を拡大しようとする。」(『新版・現代史への試み』筑摩書房、昭和三十八年、二二頁)

型、形式、規範、拘束を嫌った教養派は自由、解放をほしいままにして、洋の東西を問うことなく、読書三昧に耽ったのである。

この教養主義、教養派が登場する以前の知識人、文人たちは型のある修養というものを人生の基本にしていた。外面からくる拘束を馬鹿にすることなく、それが強く厳しくあるなかでこそ、内面の熱く燃えるエネルギーは生かされることになると確信していた。晨起打坐、夜打坐、声を出しての読書、さまざまな鍛錬、行が必要となる。もともと型と内面は別のものではなく、一体のものであった。つまり、教養と修養は結合していて、未分化の状態としてあった。

教養は身体的鍛錬を必要としていたのである。古典を読むという行為にしても、そこには発声というきわめて大切なものが裏打ちされていた。両者は未分化状態にあったが、いつの間にか一方が抜け落ち、つまり修養の部分が抜け落ちていき、読書は沈黙のうちに、ということになったのである。

拘束がなくなり、型がなくなり、どのような姿であろうと、頭のなかで理解すれば、それで是となる、型のない教養がもてはやされた。

しかし、このような教養はいわば甲羅のない蟹のようなもので、外部の圧力、攻撃にたいし、なんら防御する手段を持たないのである。

この型をなくした教養派にたいし、これまでの儒教的なものとは違う絶対的型が迫ってくる。一つの例として、軍隊をあげることができる。また、唐木の言を借りるが、彼はこの軍隊の型についてこうのべている。

「彼等は機械的に天皇を絶対化した。国家を絶対化した。統帥部を絶対化した。さうして自己自身を絶対化した。その絶対化は機械的であった。……（略）……軍の絶対化の前に政治も文学も委縮しまたは追随した。何故にさういふことが簡単に行はれえたか。軍が型をもってゐたからである。或はむしろ型そのものであったからである。彼等の型は単独に型であった。普遍に媒介されず、個性に媒介されず、交互作用をぬきにして型そのものとして固定したものであった。頑固極まるものであった。」（同上書、七一頁）

どれほど軽蔑され嘲笑されても、軍にはゆるぎない型があったのである。微動だにしない型があったのである。軍がそうであったのに比べ、教養にはそういった型がない。

知的相対主義といったらいいかもしれないが、知的に生きることで軍の型を軽蔑していた。しかし、心中軽蔑しながら、軍や国家という型の前にいとも簡単に敗北を喫してゆく知識人たちのぶざまな姿を私たちは日常的に見てきた。いまも見ている。

教養というものは、結局、型あるものに抗しきれないものであると、唐木は次のようにいう。

「教養とは所詮型に抗しえないものである。また抗しえないやうな教養が日本の教養であった。……（略）……かくして世の中にはすべて型だけが歩くやうになった。翼賛会、言論報国会、文学報国会、産業報国会、翼壮団等々、すべて型に入った。新秩序、新体制、人的資源、我々の生活も型に入れられた。日本精神、一億一心、特攻精神、精神総動員、精神も心もまた型に入った。」（同上書、七四頁）

型に抗しえない教養がおめでたい知識人の遊戯の域を出ることなく、いかに脆弱なものであったかを知らねばなるまい。国家、社会との接触を拒絶したかに思えたが、結局は敗北を喫したのである。

新制大学の大きな目玉の一つであった一般教育（＝教養教育）は高い理想を掲げ、新しい理念のもとに出発はしたものの、思ったほど成果はあがらなかった。

職業専門的な学問が優先され、教養は一歩一歩後退し、教養教育を担当していた教養部という組織も破滅状態となった。

危惧していたことが現実となり、教養は霧散していったのである。

こうなる理由はいろいろあったが、この型というものの非存在が大きいと私は思う。戦後の教育、特に一般教育は型のない教養が中心となっていた。封建的呪縛からの解放、戦時中の軍国主義からの解放の叫びはあったが、かつての教養がどれほど脆弱なものであったかの反省はなく、昔の教養を迎えようとするところがあった。

多くの大学が型のある教育を排除し、この脆弱な教養をそのまま教育の現場に持ってきたのである。

それと比較し、専門科目、専門教育というものには型がある。形式があり、達成目標というものがある。

読書量の豊富さを誇り、思索にふけることはそれはそれで大切なことである。型のみにとらわれ、その型のなかでの実践、行動のみを優先することはきわめて危険なことである。しかし、この型をもったものの暴挙にたいし、教養がなに一つ抗することができなかったように、新制大学における「一般教育」も、強力な型あるものが押し寄せてきたとき、一矢でも報いることが可能となったのか。

原子化され、甲羅を失った浮遊人たちは自分の依拠すべき、あるたしかな型、規範、拘束を欲しがる場合がある。

足が地についていない状態で、力強い行動は生れない。いかに愚鈍な型、形式であっても、日本の近代的「知」の集積よりは頼りになるという風土が日本にはある。型のある教養とはいったいいかなるものであろうか。

## 主要参考・引用文献

『大学に於ける一般教育』大学基準協会、昭和二十六年
藤原正彦『国家の品格』新潮社、平成十七年
『荘子』第一冊、内篇、全谷治訳注、岩波書店、昭和四十六年
唐木順三『新版・現代史への試み』筑摩書房、昭和三十八年

# 阿呆のつぶやき

## 昭和五十二年十二月二十日

戦後三十有余年、ただがむしゃらに生きてきた。だがそこには、荒涼とした精神風景が虚しく轍を残すばかりであった。

これから、どこへ、どのようにして行こうというのか。あてどない空虚な旅路は、いつはてるともなくつづくのだろうか。この寒々とした精神風土のなかで、ひとはわが魂の依拠する場所を求めてさまよう。そのさまよいびとの情念は、かならずしも健康な姿で浮上するとはかぎらない。

昏々と眠りおおせるものなら、そうしたい。だがそうさせることを強烈に拒否するものが、またしてもわが精神を緊張させるのである。歴史に一筋の光明があるならば、私らは、それを「生」の根源に手繰り寄せ、この状況を超えてゆく手段の一つにしてゆかねばならない。たとえ、それが叢《くさむら》の辺りに身を置きながらの悲しく孤独な闘いの道であったとしても。

## 昭和五十三年六月一日

南紀白浜に南方熊楠記念館をたずねた。これまで、熊楠に関する拙論を少しばかり書いていた私にとっては、是非とも行ってみたい場所の一つであった。展示されているものは熊楠の幼年から晩年にいたるまでの写真と、粘菌学、民俗学に関する彼の業績である。私のような凡人にとっては、ここに集められているものだけでも、気の遠くなるような量に思える。

熊楠には一身にして百科全書をかねるようなところがあるが、その偉大さを認めながらも、ともすれば彼を単なる「物知り」として放擲するような空気がないとはいえない。ドグマ信仰をもって学問とこころえるような手合いにおいて、その傾向は強い。困ったことである。

熊楠が己れの学識と情念のあらんかぎりを出し尽して行ったものに、神社合併反対運動がある。古社神林の乱伐によって死滅するであろう粘菌への愛着からの怒りもさることながら、これは人間の魂まで管理、統制しようとした狡猾な日本近代にたいする巨人、熊楠の徹底した挑戦であった。管理化、組織化の極とも思える昨今の風景を見て、高山寺の墓地に眠る南方は、いま、なんとつぶやいているることであろうか。

## 昭和五十三年十月十日

熱帯夜とピアノ騒音、なんとも、はや、気の狂いそうなアツーイ夏であった。凶器としてのピアノの音にかかわる殺人事件が日常化するのは、もはや時間の問題である、との気持を抱いたのは、私一人ではあるまい。いろいろなことで閉塞を余儀なくされている現代人が、このことで正常、異常の逆転のドラマの主人公になるのは、それほど困難なことではない。

## 昭和五十四年二月十日

数少ない畏友の一人が遂に逝った。肝臓癌であった。このときが来ることを二年も前に知っていた私は、野辺送りの二日後に届いた彼からの年賀状に息をつまらせた。

「あけましておめでとうございます。……一時は、わが人生もこれまでかと観念しましたが十一月二十五日に至り、突如、腹水・ガス・便がどんどん出はじめて腹壁の膨隆が緩和し、黄疸も軽くなって食欲が出るようになり、ようやく愁眉を開くことができました。死の彷徨を続けていたところ、突然、霧が晴れて山頂が見えはじめたといった感じです……」

佞人や曲学阿世の徒のたむろするこの世界にあって、彼は孤立して生きることを恐れはしなかった。志気と感傷に満ちた人であった。今の世に無傷でいることがどんなに罪を犯すことになるかを自覚して生きた少数者の一人であった。ずい分生きづらかっただろうと思う。この雑誌（『近代風土』）にたいしても、いつも辛辣な批評をしてくれていた。書かねばおれぬ熱い想念に基づくことのない者が、何を書いても無駄で、そういう手合いには書かせてはならぬといってくれたのも彼であった。大切にしたい私への忠告であった。冥福を祈る。

## 昭和五十四年五月十五日

いまさら〝ふるさと〟でもあるまい、という声が一方にありながらも、〝ふるさと〟は今日も問い続けられてゆく。各誌の〝特集〟も目につく。この問いかけが核心を突き、深化しているかどうかは問題として残るが、拡大しているのは事実である。この拡大の背景には、〝ふるさと喪失〟という形而下の問題と同時に、厳しい管理化のなかで日常性を縫いあげられている現代人のやるせない原初への渇望が横たわっていることは間違いなかろう。問うことをやめる必要はない。ただ、この〝ふるさと志向〟や〝ふるさと回帰〟の情念が、いつも健康なかたちで解放されてゆくという保障はどこにもないのであって、〝いつか来た道〟につながるという一抹の不安がないではない。だからといって、〝ふるさと〟にこだわり続けることを峻拒する確かな根拠があるわけでもあるまい。人間の素朴な感情を無視して成立する〝知〟は、それがどれほど高尚さを誇ろうとも、取るに足りない屁のようなものである。

## 昭和五十四年九月十五日

うだるような暑さのなかで、私はいま死者が生者を、敗者が勝者を、夜が昼を支配する世界を想像してみている。とかくわが国では固有信仰を極めておだやかな祖先崇拝に限定させるような風潮が強い。たしかに、家と子孫への帰依と共生の念願が強くわれわれの心意世界に宿っているのは事実である。死して後も生家の見える小高い丘から、いつも子孫を見守り、また彼らから見つめられていたいと願う心情は、ごく自然ではある。

しかし、その温かい雰囲気のなかで、すべての霊が鎮まっているわけではない。いわれなき屈辱を背負わされて他界せねばならなかった者の霊、横死をとげ、祀り手を失い、この世と無縁となったような霊が、おだやかであろうはずがない。このような霊は静かに、そして忍耐強く復讐の機会を狙っている。無念の思いを残してこの世を去らねばならなかった者の怨恨と呪詛は、今生の快楽を満喫している勝者をけっして許しはしない。折あらば勝者の膝に絡み付き、少しずつ少しずつ彼の肉を腐食させてゆくのである。この怨霊を和霊に鎮めようと躍起になっている勝者のこわばった顔をゆっくりとながめながら、敗者は夜宴を楽しむのである。なんと涼しい夜であろうことか。

**昭和五十四年十二月二十五日**

終日冷たい横なぐりの雨が、落ちきらない柿の実をいじめる。鬱悒はつのり、活路はない。このまま今年も暮れてゆくのか。

来年こそは、という気負いも青くさいが、それでもなお、新しい年にかすかな希望をつなぎ、そのなかに身を横たえたいと念じるのも、また人の常であろう。

初春、あるいは晩秋に、私は毎年一回（四日間）、農業者大学校（東京都多摩市）に出かける。いわゆる集中講義である。もう今年で五年になる。講義題目は〝農業観の変遷〟ということになってはいるが、実は私の雑学を披露するだけである。講義を終えたのち、十数名の学生と深夜まで激論をかわすのが恒例のようになっている。

若いと思っている己れの肉体も精神も、かなりの疲労を覚える。しかし、教えられることも多い。現実の農業者としての彼らの生活の論理は、そこに、いささかの過不足も許しはしない。歯の浮くような農業、農民同情論や賛美論などは、一瞬のうちに峻拒され、撃墜される。大学で喋って飯を食らっているような人間にたいする彼らの懐疑と不信に満ちた眼は、恐ろしくもあり、たのもしくもある。

中途半端な「知」など、ボロボロに引き裂かれ、己れの無能さ、無力さを、いやというほど思い知らされる。この自覚を失い、近代的「知」の横暴と傲慢さのうえにあぐらをかき、大衆のためになどと称して、筆をとるとき、そこにもたらされるものは浮薄な知的アクセサリーの産出と、精神の宙吊り状況の蔓延のみであることを、いまこそ、私らは銘記しなければなるまい。

## 昭和五十五年四月十五日

中国でのことである。銃撃戦によって斃れ、眼や鼻の穴にハエがとまり、蛆がわいている兵士と兵士の間をぴょんぴょんと飛び越えながら、「おにごっこ」をして遊んでいた子供の頃を夢のなかで想い出し、寒けだつことがある。しかし、いま私は、それ以上の拡大された恐怖を眼のあたりにする。ギラギラした健康な肉体をもった思想的死体の散乱がそれである。この思想的死体の上で、大量に製造されてゆく数々の学問や「知的生産」というものが、どのような結果をもたらすか、もう答える必要もなかろう。

本を買い続けることが「知的生活」であったり、書斎のつくり方、散歩の効用などにうつつをぬかしておれる「知的生産」とは、いったいいかなるものか。このようなものが人気を集めている状況に、私は嘔吐をもよおす。

## 昭和五十五年八月十五日

いま、近代批判の批判という少し臭味をおびた空気が存在する。それは戦後民主主義や近代主義が切り落してかえりみようともしなかった人間のもつ黒く陰湿な非合理的なるものを、歴史の闇から引上げ、照明を当てようとする作業を、反動呼ばわりする「知識人」の吐き出す息である。

とはいえ、徹底して押え込むほどの勇気も、一管の筆に命を賭けることのむなしい営為への自覚もなく、なんとなく、「進歩的文化人」、「進歩的知識人」という体面にこだわり、無理をしているだけなのであるから、そう気にするほどの臭気でもないのだが。

**昭和五十五年十二月十五日**

ふわふわした雑事に振り回されていると、なにか、もっとずっしりとした精神の内奥を充足させてくれるようなものが欲しくなる。〝軽薄な多忙や見せかけのスマートさがなんになる〟、〝狂騒と焦燥の洪水のなかで、びくびくしながらのさえずりがなんになる〟と鴻鵠の怒声が聞こえてくるようだ。

時代を切り拓く精神や、新たな文化創造のバネとなるべきエネルギーが、そんなやせ細った忙しさのなかから生まれてくるとは思わない。

大海を彷徨すること三年余り、凪の日ばかりではなかったが、なんとか今日まで乗り切った。

**昭和五十六年七月十五日**

〝『近代風土』は如何なる性格の雑誌か〟という問いかけが周囲に存在する。十二号にもなって、いまだその性格定まらずとは、一体何ごとか、との御叱責を頂戴することもある。ありがたい忠告と受けとめるに、やぶさかではないが、少し言わせてもらわねばならぬ点もある。それはこういうことである。浮薄な知的アクセサリーとしての、あるいは一つのイデオロギーのための性格づけに慣らされてきた私たちは、そのことに少々拘泥しすぎてはいないかということである。

無性格という性格が、この雑誌の特徴だと私は思っている。それは性急な性格づけや方向づけは、その雑誌を一時的な流行のなかに追いやる危険性があるばかりでなく、精気衰弱の因となるであろうという思いが私にはあるからである。

書かねばおれぬ想念をもった人が書きたいことを己れの熱い思いで書いてゆくという内発性の積み重ねが、結果的にこの雑誌の色づけになってゆくであろうことを確信している。性格が定まらねば定まらぬままでいい。

**昭和五十六年十一月二十日**

いま、なにかがおわり、なにかがはじまろうとしている。地鳴りが聞えてくるようだ。しかし、考えてみれば、そんなことはまばたきにも似た出来ごとであるのかもしれない。おわるものはおわり、はじまるものははじまったらいい。地鳴りの震源地がどこであるかなど知りたくもない。それを知ったからといって、どうなるわけでもない。人の生涯など、瞬間のうちに終止符をうつ。

生の充実の極点は、すでに死に向って急降下しはじめている地点のことでもある。

人はその瞬間に小さな生を燃焼させるしかないのであろう。死に赴く生を生きるしかなかったのは、なにも昭和十年代に青春を過した世代のみではない。人はいつの時代もそのようにしてあった。さきざきにおいてもそうであろう。それでも人は、なぜそのなかで、血の通わぬ〝理性〟、〝知性〟をほこらしげにぶらさげて、〝教養ある俗物〟になろうとするのか。

**昭和五十七年三月十日**

多くの死傷者をだしたこのたびの日航機の事故に、ひとはさまざまな思いを寄せたことだろうが、いずれにしてもこれは偶発的なものではなく、おきるべくしておきたものであり、今後この類の事故は多発することが予想される。病める現代社会の一端をかいまみたようで、なんとも恐ろしく、悲しく、つらい。

緻密な計算によって感性までコントロールされかねないこの管理社会のなかで、己れの〝腕〟を発揮できる領域は、極端にせばめられている。この無味乾燥な日常性にひとはいつまでも耐えられるとはかぎらない。管理されればされるほど、ひとはその残されたわずかな領域に、我を忘れて突入し、非日常の世界を探そうとする。それは異常な表出となる場合がある。真の克服の道のない逃避であることを知っても、その誘惑は甘いものとなる。

逃げ場を失った人間が、人間性回復を希求するとき、ひとは己れの仕事の重大責任を忘却する。機長の責任を問うなというのではないが、これは彼一人の例外的問題としてしまってはならないことだけはいっておかねばならない。

## 昭和五十七年六月三十日

〝花祭〟の研究家として知られる民俗学者、早川孝太郎が、昭和恐慌期において、きわめてイデオロギッシュな農本主義者に変貌していったことは、私たちになにを教えてくれているのであろうか。

大地をはいずりまわって、地熱と草いきれを感じ、民俗学にかけおりてひとの暮らしを知ろうとする民俗学が、現実政治とのかかわりをもとうとするとき、いかなることがおきるか。

民俗に密着すればするほど、その民俗を裏切り、生草をひからびた枯草にしてしまう魔力がそこにはある。〝解明〟、〝分析〟、〝実証〟が、いつもひとを幸福にするとはかぎらない。

## 昭和五十七年十一月十五日

このところ、〝反生きがい論〟、〝反発達論〟、〝反科学論〟、〝反進歩論〟といった、「反もの」ともいうべきものがさかんである。このようなものが、なにを背景に生れているかについては、もういまさらいうまでもない。

しかし、『自然農法・わら一本の革命』の著者でもあり、〝無肥料〟、〝無農薬〟、〝不耕地起〟、〝無除草〟の自然農法を実践している福田正信さんの一言は、進歩や科学のおかげで喋って飯を食っている学者や評論家の言とちがって、ずっしりとした重さをもって伝わってくる。彼の現在の思いの一部を引いておこう。

——人間は何もしなくても楽しかったのに／何かすれば喜びが増すように思った／物に価値があるのではないのに／物を必要とする条件をつくっておいて／物に価値があるように錯覚した／すべては自然を離れた人間の智恵の一人角力だ／無智無価値無為の自然に還る以外に／道はない／一切が空しいことを知れば一切が蘇る／これが／田も耕さず肥料もやらず農薬も使わず草もとらず／しかも驚異的に稔った／この一株の稲が教えてくれる緑の哲学なのだ／——。


---

昭和五十年の作品であるが、寺井美奈子さんの『根の国を求めて』という本の「序章」に「いろりの消滅」というエッセイがある。

いろりの消滅と老人の自殺とのかかわりが、あざやかにえがかれていて切ない。ボロボロになった肉体や精神をいやしてくれ、何代にもわたって、ひとの連帯を維持し、生を凝集させてきたいろりの火が消えるとき、その守護者であり、そこで先人の精神的遺産を語り伝える役をになってきた老人の仕事も存在感もなくなったという。ひとの生をささえる根がなんであるかを考えさせてくれる。

**昭和五十八年三月十五日**

なんという喧噪か、なんという節操のなさか。小賢しい人間と、どうしようもないほど貪欲な人間との間に、小競り合いが、切れ目なしに続いている。これを天下泰平の世と呼ぼう。まことに結構な御時勢であることか。社稷は崩壊し、草莽の士は死に絶えた。

多くの人たちに嘲笑されながらも、人の道に生き死にしようとする人間が次のように己れのこころを披瀝している。

〝積み重なり積み重なりしてまいりました憤怒が足の先から頭のてっぺんまでかけめぐっております。身体中が痛いようです。深い深い闇のなかに一人して佇み、一すじの血路を探すのですが、なかなか見つかりません〟

むなしいことと知りながら、震えあがるような冷たい風景のなかで、それでも一管の筆に生命をかける人もいる。

東大寺二月堂の修二会、今年で一二三二回目とか。春が来るのだろう。

**昭和五十八年七月三十日**

このところ気になっていることの一つに、拮抗精神――創造の闘いと呼んだほうがいいかもしれぬ。——の不在ということがある。これはなにも、論壇のみのことではないが、それだけ相手のことを思いやる人が増えたということではない。

〝知性派〟、〝教養派〟、〝リベラル派〟と自称してきた人たちの〝対話〟と呼ばれるようなものが、どれほど戦後日本をダメにしてきたかは実証ずみのはず。いまだにそのことに気づかぬ〝おめでたい精神〟に私はやりきれない怒りを覚える。〝青くさい〟だと！　〝子どもじみている〟だと！　ほざくな！　しょうもない妥協でお茶を濁し、歯の浮くような〝へつらい〟を仕事としているような人間に、もうこれ以上喋らせる必要はない。

互いに相手のもっとも得意とするところを攻め合い、吹き出る血をものともせず、闘いぬくことが、論争と呼ぶに値する最低の条件のはずである。この緊張を忘れ、熾烈な闘いから身をかわそうとするところから生まれるものは、一見やさしさをともないはするが、つまるところ頽廃のみである。

---

いくつかの病を引きずりながら、己れの身体を誤魔化し、誤魔化して、本誌にたしかな筆をふるってくれていた山内七郎さんが溘焉として逝ってしまった。老獪というような言葉とはまったく無縁の人であった。

深く深く沈む思いが私のこころを占拠する。もう帰ってきてはくれない。ただただ冥福を祈るばかりである。

**昭和五十八年十一月三十日**

ちまちまとした〝常識派〟と呼ばれる人が氾濫し、〝創造力〟も〝空想力〟も喪失してしまったような〝健全な精神〟とやらが、大切に保存されはじめている。〝常識〟とか〝健全〟とかは、いったいいかなる謂か。共同の幻想を現実世界と錯覚したモーレツ人間群の未来も、どうやら先が見えてきたようである。

〝ずれ〟や〝ゆがみ〟や〝例外〟のない世界を、〝健全な世界〟と呼ぶのか。本能を破壊された人間を、〝正常人間〟と呼ぶのか。

今秋は紅葉がきれいすぎて、泣きたくなってしまいます。酒も胃壁を削りおとすほどに、しみてまいりました。

**昭和五十九年三月三十日**

私たちを囲繞する荒涼たる風景、これはいったいなにものか。虚無か、悶々か、それとも渇仰か。

この冬は雪が多く舞い落ちた。降りしきる雪のなかを、浄瑠璃寺から岩船寺まで、ふるえながら歩いた。痛めつけられる石仏たちが心配になって。静穏、諦観、躍動が私の胸に去来した。

酷寒の冬であったが、それでも梅のつぼみは確実に自分を大きくしている。世情とは無関係に、精いっぱい花を咲かせ、そして散ってゆく。今日は北野天満宮の梅花祭り。

## 昭和六十年十二月一日

どうしたというのでしょうか。この喧噪、この多忙、この焦燥、ただごとではないようですが。あなたはこれを充実、完成のための前兆だといわれるのですか。御冗談でしょう。それは一度たりとも人の魂をゆさぶったことのない精神の空白そのものですよ。そんなものに一片の価値もありません。人知れず咲く野の花の静謐との間に、雲泥の差を見るのは私一人ではありますまい。

いったいこの黄金でぬりつぶされた豪華絢爛はなんでしょう。雨と露をしのぐだけの草庵で松風を聞く私にとって、それは人糞にも値しません。負け惜しみだとあなたはおっしゃるでしょうね。そういうあなたの貧しきこころを私は悲しく哀れに思うだけです。

それにしても民俗的原質となんのかかわりももたないこの軽薄な民主主義や平和主義の氾濫はどう理解すればいいのでしょうか。まさかこの氾濫で人間の内面に深く宿る弱者いじめや、権力への飽くなき憧憬だのといった、どす黒い力を押し流すとでもいわれるのではないでしょうね。用心してください。骨の髄までしゃぶられてしまいますよ。

## 昭和六十二年七月二十五日

「日本学」、「日本人論」、「日本文化論」が、にぎにぎしく登場し、それにたいする批判も、これまた喧噪をきわめている。これらの流行が、たんに軽佻浮薄ということで、切って捨てられてすめばいいが、と憂慮しているのは私一人ではあるまい。

経済大国というだけでは、◯◯アニマルと呼ばれかねないし、どうも落ち着きがないので、国威発揚のため、〝高貴〟な文化を無理に探し出し、なければインスタント文化を作り、世界に向って絶叫しようという魂胆も浅慮ではあるが、「日本学」をかつての国粋主義や日本主義にのみ結びつけ、反動の烙印を押すことに汲々としている人たちも、誠におめでたき人というほかない。

日本を知り、己れを内省することは、新しい地平をきりひらくうえで、いつの世でも必要不可欠なことである。しかし、問題は浮上の背景そのものにある。日本が、そして日本人、日本文化が持ち出されてきたのは、いつ、いかような場合であったのか、徹底的究明がなされ、そして今日の背景が奈辺にあるかを冷静に見つめ、研ぎ澄まされた普遍的精神でもって対応することが前提とならねばならぬことをいっておこう。

## 昭和六十三年一月二十日

利根川進さんが、ノーベル賞を受け、さわぎになった。日本人としては、たしか七人目、医学・生理学賞としてははじめての受賞である。私どものように自然科学的才能のない人間にとっては、利根川さんのような頭脳にただただ畏敬の念を抱くばかりである。

それにしても、日本や日本人にこだわり続けている者からいわせれば、そういうことを意識しないで研究できるこの人は、実に幸せな人だと思う。国家を超えたところでの研究、国籍無用の研究、それをこの人は現実のものとした。彼はそのことを自負し、堂々としている。そして、それはノーベル財団の姿勢と一致するのであろう。ストックホルムでの記念晩餐会のスピーチを英語でやり、スウェーデン語でしめくくったという。まずはめでたし、めでたしといったところである。

しかし、ひっかかるものが一つある。それはこの人があまりにも国境をこえたとか、日本人を意識しないとか、ということを意識しすぎているということだ。

スケールが大きいこと、インターナショナルであるということは、自国を故意に忘れたり、無視したりすることではない。また、ヨーロッパ化したり、アメリカ化したりすることが国際化ということではない。肝心なものが抜け落ちているのではないか。

## 昭和六十三年十一月二十日

書こうと思えば書けたであろう小説を書かずに、童話に執着した人に宮沢賢治がいる。あの謙虚な賢治が、当時の流行作家、島田清次郎など、歯牙にもかけぬと友人に豪語したことがある。賢治は小説ではなく、なぜ童話だったのか。いろいろと理由は考えられようが、私にはどうも彼はすべてのものの未分化、未成熟、未完成の状態に美意識を求め、自分もまた、そこに生きた人であるように思われる。つまり、大人になりきらぬ子供のままでありつづけたいと願った人であろう。願ったというよりも、そのようにしか生きられなかったのかもしれない。彼の童話の主人公には、性にも生活にも届かぬままの夭折が多くある。

性にも、生活にも届かぬところに人間の姿などないというかもしれぬが、この両者を切り落すことによって、無理な修飾を媒体にすることなく、鹿や小鳥と歓喜を共有することができ、草木や石のつぶやきを聞くことができたのである。

雑音のなかで、腹のさぐりあいに生きる現代人には、とても聞こえない原初のことばを、賢治は聞き取ることのできた人であったように思う。

## 平成元年二月二十五日

農政官僚、貴族院書記官長、朝日新聞論説委員、民俗学者といった、いろいろな顔をもちながら、日本近代史、現代史の上に大きな足跡をのこした柳田国男の本格的伝記が、十五年の歳月をかけて、ここに完成した。千百四十二頁の本文と、年譜、書誌、索引を一つにした別冊からなる。(昭和六十三年、三一書房)

民俗学の創造に収斂してゆく柳田の生涯の詳述は、個人史の域をはるかに超えて、屈折した日本近代そのものの描写につながってゆく。

えたいの知れない日本学や日本文化論が横行している今日、この柳田の正伝の登場は、かなり大きな意味をもっているといってよかろう。

柳田民俗学、つまり、日本人の内省の学の力を借りずして、日本学も日本文化論も、そして異文化交流論もあるものか、という思いが私にはある。

**平成三年五月二十五日**

第二次世界大戦後、日本では大学教育改革の一つの大きな柱として、一般教育(教養教育)の設置があった。これは旧制大学のいわゆる専門主義の弊害を除去し、民主主義国家の建設に向けてその礎となるべき人間形成、全人教育を目的としたものであった。つまり、〝新生日本〟のスタートをも意味していた。しかし、その理念や目的とは別に、現実は惨たんたるものであったといわなければならない。専門への入門とか、基礎、あるいは概論、常識への披露に終始し、〝五十二単位〟という設置基準の枠の上にアグラをかき、大学は理念実現の具体的努力を怠ってきた。

一方、日本経済の復興および高度成長は、その目的実現のための知識、技術を大学に求めた。科学技術の進歩発達に貢献する知識、技術およびその基礎の教育のみが大学教育の本質となり、社会も家庭もその線に沿った教育を容認し、期待したのである。

すぐに役立つという価値尺度をもってすれば、教養的なるものは排除されるのは当然である。教養はその意味では無益なのである。学問とは、人生とは、などを問いつづけるような研究をしていれば、研究者の世界では敗者になるにきまっている。教養は専門のために役立たないどころか、邪魔になるのである。邪魔にならない教養、つまり、専門のための入門、基礎だけを許容していこうとする専門主義は、時代を反映し、正当性の根拠をもっているのである。つまり、専門主義は日本近代化の産物であり、高度成長の産物なのだ。時代の流れに流されてゆくのは、髪型や衣服だけではない。孤高を誇る教養など無用の長物なのである、教養ほど無益なものはないといわれて反論はないのか、なさけない教養主義者よ!

**平成三年十月二十五日**

追儺の〝儺〟には正しい歩きぶりという意味があるが、そう解釈すれば、追儺とは、正しい歩きぶり、つまり正義を排除することになってしまう。それでいいのかな。〝善良〟なる人間に数々の害、疫病をもたらす〝悪鬼〟を追い払う儀式として理解され、継承されてきた〝鬼やらい〟の通念の奥には、なにかよく見えない何者かの情念が隠されているのかもしれぬ。正しく歩んでいる者を追い払うとは、なんと理不尽なことであろう。しかし、世の中のことは、多かれ少なかれそうしたものかもしれない。阿漕をはたらく悪党にとって、もっとも恐ろしいのは、正しい行いをしている者なのだから。

源頼光らを全面的に信用して、〝神便鬼毒酒〟を飲まされ、討たれ、「鬼神に横道なきものを」（御伽草子）と、しぼりだすような、あの酒呑童子の声は、いったいぜんたい誰の声なのか。人をかどわかし、人の血をしぼり呑み、〝ししむら〟を食うといったような残酷な面のみを鬼の属性として強調し、彼らを排除しようとしてきたのは誰か。鬼は人が必要とする場所と時間に出現するが、その鬼の思いは複雑だ。

**平成四年二月二十五日**

鬼退治の伝説はいろいろな地域にあるが、吉備団子で知られる岡山も、その一つである。ＪＲ岡山駅から吉備線で少し西に行ったところに、吉備津神社がある。この神社のなかに釜殿があり、温羅《ウラ》という鬼を吉備津彦命が退治するという伝説と深くかかわっている鳴釜神事なるものが、いまも行われている。

——この温羅という鬼は、異国からやってきたもので、身の丈一丈四尺もあり、爛々たる眼光は虎狼のごとく、歯は上下が食い違い、火を吹き山を焦がし、岩をも穿つという。数々の悪行をはたらき、人々は恐怖におののいていた。朝廷は吉備津彦命にこの鬼退治を命じた。命は悪戦苦闘を免れなかったが、執拗に温羅を追撃し、ついに退治した。しかし、その温羅の首は何年たっても大声で唸り続けたという。頭蓋骨だけになっても、まだその唸りは消えない。

ついに釜殿の下を八尺掘って、その頭蓋骨を埋めた。ある夜、吉備津彦命の夢枕に立った温羅は、寵愛していた阿曽郷の祝の娘阿曽媛をして釜殿に奉仕せしめよ、そうすれば、吉のときにはゆたかに釜が鳴り、凶のときは荒らかに鳴るので、それで占いをさせよ、と告げた。——(藤井駿『吉備津神社』日本文教出版、昭和四十八年など参照)

この伝説として、鉄をめぐる朝廷と吉備の鉄生産者との戦いと見る見方がある。〝鉄を制する者、国を制する〟といわれるほど、王権にとって鉄は不可欠のものであった。あちこちで鉄をめぐる熾烈な闘いが繰り広げられたのは事実である。吉備の国は極めて良質の砂鉄があった。温羅は鉄生産技術を持ち、しかも朝廷にまつろわぬ首長であったかもしれない。退治されはしたものの、その怨霊を恐れて、いまも人々は温羅の霊を鎮めているのであろうか。それとも、この鬼の魔力を借りて、己れの置かれたくやしい状況を突破したいという願いをこめて、祈っているのであろうか。

**平成五年一月二十日**

柳田国男と宮沢賢治の比較を考えはじめて、かなりの年月が過ぎ去ってしまったが、そろそろ短いものでも書いてみようと思っている。

稲作文化を軸に日本常民の学を形成していった柳田も、民俗学のスタートは、稲の方ではなく、山であり、山人であり、漂泊者の方だったのである。つまり、稲作以前の縄文への思い入れがあったのである。

ところが柳田はすばやく眼光をそらした。山や縄文への関心を希薄にし、日本列島を稲作文化一色にぬりつぶす方向へ走った。

賢治も稲作とは深い関係を保った人である。農学校を卒業し、ながくはなかったが農学校の教師もやり、農民への献身的農事指導を行った。肥料設計などは殺人的スケジュールのなかでやりぬいた。このように、農民とのつながりは、かなり深いものであった。にもかかわらず、賢治の心の根底には、稲ではなく、縄文のにおいがするものがある。

彼の作品の一つに〝原体剣舞連〟という詩があるが、そこには稲の豊作を祈り、悪疫を追い払うというよりも、稲作以前の東北の狩猟採集における自然との統合があり、そして稲にしてやられた理不尽な虐待、死など、多くの縄文人の情念がある。賢治は〝まつろわぬ〟鬼と共感するところに到達しているのかもしれない。

## 平成五年十二月二十二日

〝利己〟と〝生〟を優先する傾向は、まさしく燎原の火のごとく、とどまるところがない。景気が良ければ良いで、落ち込めば落ち込んだで。

〝死〟の淵からのぞく〝生〟はなく、〝社稷〟から見る〝私〟もない。ただあるのは、ギラギラと脂ぎった顔だけである。

〝利己〟を一方的に延長拡大してゆけば、いつの日にかユートピアに到達するなどという信仰を蔓延させてしまった。軽佻浮薄な人間ほど、とるに足らぬ〝知識〟をひけらかし、義務のまるでともなわぬ権利を主張し、安全地帯にいながらの〝批判的ポーズ〟をとっている。

断崖絶壁に立たされながら、しかもなお、〝社稷〟のために敢然と逝かねばならぬ人間の決意など、そういう類の〝知識人〟にはわかるはずもない。なにもかも腐ってしまった。

それにしても、擬制としての〝個人主義〟や〝主体性〟に高い評価を与えてしまった戦後教育の罪は重い。

血圧が高いので、冷静沈着であらねばならぬと思いつつも、右を向いても左を見ても、血圧の下がる材料はどこにもない。

## 平成六年十二月十五日

風景は痛み、泣いているが、風景論はいま面白い。志賀重昂、小島烏水らの風景論も批判されながらも、再登場してきている。志賀などの風景論は、日清、日露の戦争などと大きくかかわったもので、国民統合のため一役買ったようなものである。つまり、ナショナリズム昂揚の礎として役立ったのである。志賀は日本の火山、海岸線、岩石、水蒸気、白砂青松、紅葉などに注目し、世界に冠たる喜びであることを高らかに唱い、舞い上ったのである。そして、この風景の美しさは、そこに住む人間も、その人間がつくる国家も、強く、正しく、美しくなると強説した。その勢いの裏には、諸外国の文化にたいするコンプレックスがあったようにも思える。

この名勝的風景論にたいし、少しかわった風景論を展開した人がいる。柳田国男である。彼は風景のなかに民俗学者らしく、人の〝くらし〟を入れた。また、近代文明は自然破壊の元凶であるとの〝常識〟にたいし、近代文明かならずしも風景の敵ならずと考えた。汽車や鉄道、鉄橋、水力発電、農作物の改良などによって、風景はわるくなるばかりではなく、豊かになることもあるという。たしかにそういう一面は肯定されてよかろう。しかし、私はどうしても柳田の風景論には陥穽があり、ごまかしがあるように思えてならない。柳田が風景のなかに入れようとした生活の内容が問題である。人の生活のにおいは、たしかだとしても、それは香水のにおいであって、糞尿のそれではない。ムラの〝くらし〟がいつも春の海のようなものであろうはずがない。

**平成七年五月十日**

つくづく人間という動物の浅ましさ、愚劣さ、卑劣さを思う今日この頃でございます。どうも人間という生きものが、この地球上の癌細胞のように思えてきます。間違いなくそうだと思います。

人間性喪失の時代などと、これを悲しいことのように叫ぶ空気がありますが、この人間性喪失こそ、人間以外の生物が大変喜んでおられることと思います。

矢の突きささった鴨に涙を流しながら、鴨鍋に舌鼓をうつようなものが人間なのです。一事が万事、人間とはそういう生きものです。だから他の生物の皆さん、人間には要注意ですぞ。人間を信用すると大変なことになりますぞ。ヒューマニズムという言葉には、特に気をつけてくださいね。

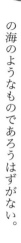

# あとがき

時流に流されようと、それに抗しようと、誰れしも時代の子であることを免れることはできない。そこには懐疑があり、絶望があり、挫折があり、敗北がある。

こころある人はときとして笑うが、その笑う眼の奥には常に血涙がたまっている。正直に生きようとすればするほど、なにか、とてつもない大きなものが襲いかかる。社会規範や常識という牢獄が待っている。これらとの対決によって自分を、そして社会を解放しようとするところに思想が生れる。

思想は知識ではない。知識の積み重ねが思想になることはない。諸々の現実に遭遇した人が、そのなかで苦悩し、葛藤を繰り返すなかで、縫いあげてゆくものである。血肉化された思想とはそういうものである。

日本の近代は周知の通り、外国で生れた思想を輸入してきた。そして、その多くは日本の土壌に根づくことなく挫折し、霧散していった。所詮借りものは借りもの、返却するのも簡単である。日本の近代において「転向」現象の多発の一つの要因はこんなところにもある。

人の魂をゆさぶり、決断の弾機となるものは、知識の豊富さや論理の整合性ではない。

日本列島を生きる場としてきた人たちが、その悠久の歴史のなかで、積み重ね、縫いあげてきたものと無縁のところに思想の生誕があるわけがない。

しかし、自分の苦悩や貧困の痛みを告げる言語手段をもたなかった人たちにとって、日本の近代とは何であったのか。

日本の近代化によって、何が救われ、誰が幸福になったのか。近代国家が形成され、富国強兵を直接的に担った人たちは自信ありげにいう。ヨーロッパ列強の攻撃を防ぎ、その文明をいちはやく導入し、資本主義経済の発展を速やかにもたらし、「大国」に日本を推し上げたではないか、と。

日本は明治十八年に福沢諭吉が「脱亜論」でのべたように、アジアを脱してヨーロッパの文明国と共に歩む方向、つまり「脱亜入欧」の道が目標となり、信念となった。このことにより、日本は植民地化されることからは免れたが、多くのものを失ったのも事実である。

太平洋戦争後の民主主義の風は、その道を再検討する機会を与えてくれてはいたが、戦後経済の復興と成長に眼を奪われ、人間の心の奥底にある「悪」への傾斜などを見逃してしまった。

ナチスに追放され、アメリカに亡命したE・フロムは『自由からの逃走』のなかで次のような発言をしている。つまり、多くの人たちは近代的デモクラシーというものが、それまでの暗い陰湿な力をけちらし、明るく輝かしい世界の到来を信じていたが、そうではなく、「ファシズムが台頭してきたとき、大部分のひとたちは、理論的にも実践的にも準備ができていなかった。いったい人間がこのような悪への傾斜や力への渇望、このような弱いものの権利の無視や服従への憧れをもつことができるなどとは信じることもできなかった。」と。

デモクラシーは闇を照射し悪のことごとくを白日のもとにさらそうとした。しかし、闇のなかでしか生きられぬ情念は闇を死守しようとする。

ドイツ史上のみならず、世界的にも最高の民主憲法と呼ばれたワイマール憲法、その憲法下におけるワイマール共和制は長く続かなかった。そのあとすぐ十数年もたたないうちに、ナチスという怪物が登場した。

平和憲法があれば戦争はないなどということは、あまりにもおろかな幻想でしかない。

ドイツ人にとって、ワイマール体制とはなんであったのか。この体制が十数年ももたなかったのはどうしてか。ワイマールは結局「不人気」だったのである。

脇圭平は、ワイマールの「不人気」についてこうのべている。

「ワイマールの十四年間をマイナス・シンボルとして見るのは、『過去の克服』という課題を真剣に考えた歴史家や政治学者だけではない。この時代を実際に体験したドイツの一般大衆にとっても、いや彼らにとってこそ、この時代はなにもかも目茶苦茶な、思い出すだけでもぞっとするような悪夢にうなされ続けの地獄の二十年代だったからである…（略）…ワイマールよりはまだナチのほうが良かったという実感は、それが体験に裏づけられたものであっただけに、どうしようもないという印象をうける。」（『知識人と政治』岩波書店）

ドイツを襲っていたインフレーションと過酷な条件を押しつけたヴェルサイユ条約は、ドイツの将来を闇の世界にした。生活を保障しないワイマール、ヴェルサイユ条約を破棄できないワイマールがなんだ。こうしたドイツの大衆の肉声をナチスは吸収していった。

今日、私たちはいかなる状況下に置かれているのか。

戦後の民主主義や平和主義が、完膚なきまでに粉砕したと思いこんでいたものが、実は掠傷一つ受けることなく異様な悪臭を放っているではないか。

そう遠くない時間の後に、私のこの小さな生命の火は消滅する。そうであれば、今日この時間が私には極端に大切なものに思えてくる。

近い将来に生命が断たれるのであれば、残された時間に精いっぱい発言しておきたい。

これまで私は日本の近代化および近代思想に執着し、拙いものを書き、喋ってきた。どれもこれも満足できるものはない。対象としてきた人たちからは強烈な「おしかり」をいただいていたかもしれない。

たとえ、そうであったとしても、私は私流の稚拙な思想を語るしかない。
私の最後の作品になるかもしれない拙書の出版を快く引き受けていただいた海風社の作井文子さんには御礼のことばもない。

平成二十九年十一月十四日

綱澤 満昭

# 初出一覧

橋川文三私見
（一）日本浪曼派・昭和維新（原題「橋川文三私見」『日本文化の明と暗』風媒社、近畿大学日本文化研究所叢書（9）平成二六年三月）なおこの論文はのちに、拙著『異端と孤魂の思想』（海風社、平成二八年）に収められたものである。
（二）保守主義（原題「保守主義と橋川文三」『翰苑』第六号、姫路大学人文学・人権教育研究所、平成二八年十一月）

村上一郎と草莽
原題「村上一郎に少しふれて」（『翰苑』第五号、近大姫路大学人文学・人権教育研究所、平成二八年三月）

竹久夢二と悲哀
（一）弱者への眼差し（原題「『女工哀史』と竹久夢二」『翰苑』第六号、姫路大学人文学・人権教育研究所、平成二八年十一月）
（二）関東大震災直後の夢二の眼（原題「竹久夢二の眼」『翰苑』第七号、姫路大学人文学・人権教育研究所、平成二九年四月）

岡倉天心のアジアによせる思い
「潜在する可能性」風媒社、近畿大学日本文化研究所叢書（12）平成二九年二月

故郷喪失とナショナリズム― 柳田国男の場合
『翰苑』創刊号、近大姫路大学人文学・人権教育研究所、平成二六年三月

祖先崇拝と御霊信仰
『翰苑』第三号、近大姫路大学人文学・人権教育研究所、平成二七年三月

ふたたび「教養」を考える
『翰苑』第四号、近大姫路大学人文学・人権教育研究所、平成二七年十一月

阿呆のつぶやき
『翰苑』第七号、姫路大学人文学・人権教育研究所、平成二九年四月

【著者略歴】
綱澤 満昭（つなざわ みつあき）
1941 年　満州（中国東北部）に生まれる
1965 年　明治大学大学院修士課程修了
専攻は近代日本政治思想史
現　在　姫路大学学長
近畿大学名誉教授
主要著書　『日本の農本主義』（紀伊國屋書店）
『農本主義と天皇制』（イザラ書房）
『未完の主題』（雁思社）
『柳田国男讃歌への疑念』（風媒社）
『日本近代思想の相貌』（晃洋書房）
『鬼の思想』（風媒社）
『愚者の精神史きれぎれ』（海風社）
『思想としての道徳・修養』（海風社）
『宮沢賢治の声―啜り泣きと狂気―』（海風社）
『異端と孤魂の思想 – 近代思想ひとつの潮流」「海風社）など。


近代の虚妄と軋轢の思想

二〇一七年十二月二十五日　初版発行

著　者　綱澤満昭
発行者　作井文子
発行所　株式会社 海風社
〒550-0011　大阪市西区阿波座一―九―九
阿波座パークビル701
TEL　〇六―六五四一―一八〇七
振　替　〇〇九一〇―二―三〇〇〇六
印刷・製本　モリモト印刷 株式会社


ISBN 978-4-87616-049-5 C3030

思想

# 愚者の精神史きれぎれ

農本主義から柳田国男、宮沢賢治、そして鬼

綱澤満昭　著

978-4-87616-014-3 C0039

かつて「柳田学批判」への転向を恐れることなくやってのけた著者綱澤満昭が自らの「日本の近代思想史研究」の道のりを振り返るとき、自在に語られる農本主義から柳田国男、宮沢賢治、そして鬼論。必然のつながりが鮮やかに浮かび上がる。

B6判／一九六頁　定価（本体一九〇〇＋税）円

思想

# 思想としての道徳・修養

綱澤満昭　著

978-4-87616-022-8 C0037

道徳なき時代といわれる現代。本書は「道徳・修養」を懐古的に礼賛するものではなく、位置した時代によって変質した道徳・修養というものの本質を衝く。道徳の教科化がいわれているいま、ぜひ読んでほしい書。

B6判／二六四頁　定価（本体一九〇〇＋税）円

思想

# 宮沢賢治の声

〜啜り泣きと狂気

綱澤満昭　著

978-4-87616-033-4 C0036

父との確執、貧農への献身と性の拒絶……。その宮沢賢治の短い生涯をたどりながら、彼の童話の原点を近代日本が失った思想として読み解く。賢治よ、現代人を、縄文に回帰させよ。

B6判／二一六頁　定価（本体一九〇〇＋税）円

思想

# 異端と孤魂の思想

近代思想ひとつの潮流

綱澤満昭　著

978-4-87616-039-6 C0030

島尾敏雄のヤポネシア論、岡本太郎は縄文土器、橋川文三は日本浪曼派、深沢七郎はムラ社会、赤松啓介は性の民俗学。それらを柳田国男の民俗学との対峙によって、それぞれの「異端」を鮮鋭に浮かび上がらせる。そして、日本人の最も情緒的な感情である肉親の情に思想が敗北する「転向」へと向かった東井義雄と小林杜人を孤独な魂、すなわち「孤魂」と名付けた。

B6判／二七六頁　定価（本体二〇〇〇＋税）円